さまざまな形を見せるロウソクに秘められたメッセージ（p110）

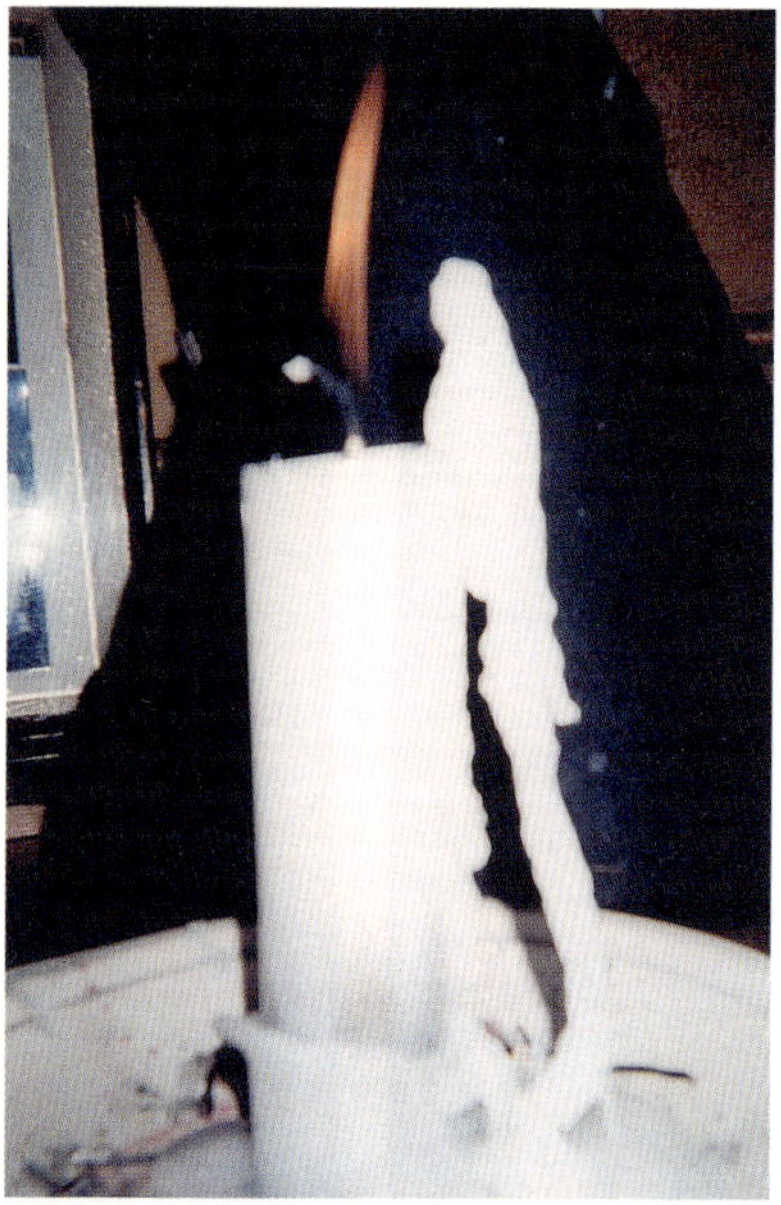

⬆白衣観音の姿。慈悲の心を示す。

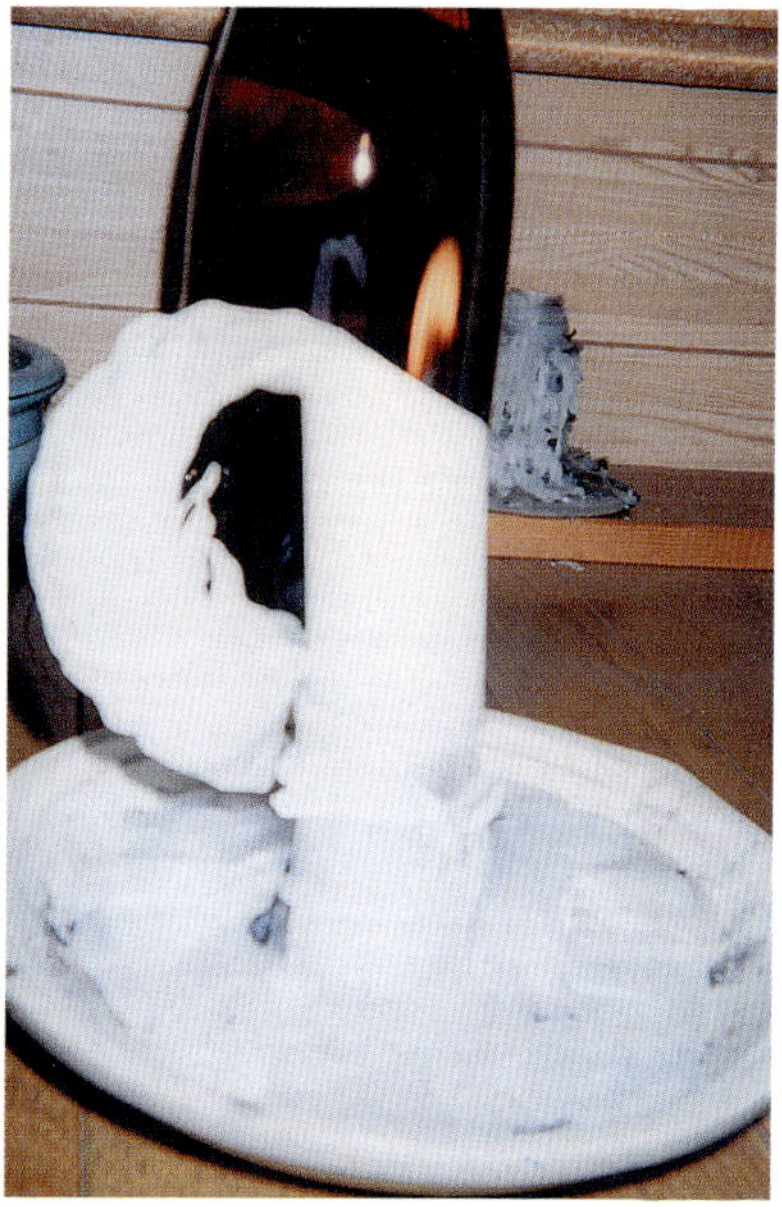

⬆龍神の力強いエネルギーの現れ。

⬆龍神のエネルギーの現れ。

⬆龍神の躍動的なエネルギーの現れ。

⬆龍体が力強く宇宙を回遊する様子。

⬆龍神のエネルギーの現れ。

⬆龍神の現れ。ロウソクに巻き付いている。

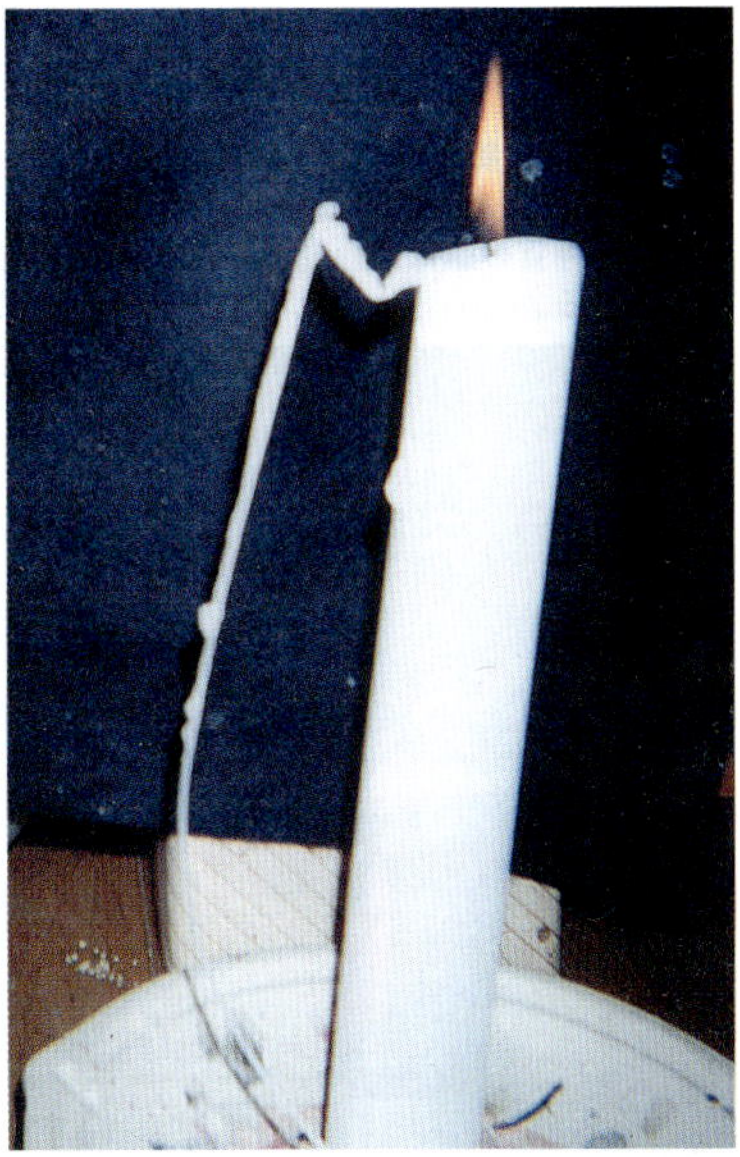

⬆龍神の現れ。背景の黒い布に白く龍神の本体が現れている。

「カタカムナ」のことが出ていました。上古代の人々は、素直な心を持ち、すべて宇宙の理論にのっとり、天然の「イノチとココロ」のサトリに到達していました。だから自然に優れた直観力で日々を判断していたのであろうと思われるとのことです。私はこの言葉に非常に感銘を受け、それがきっかけで運命学にのめり込むこととなったのです。

宇宙は陰と陽の引き合いで成り立っており、左図のように表せます。

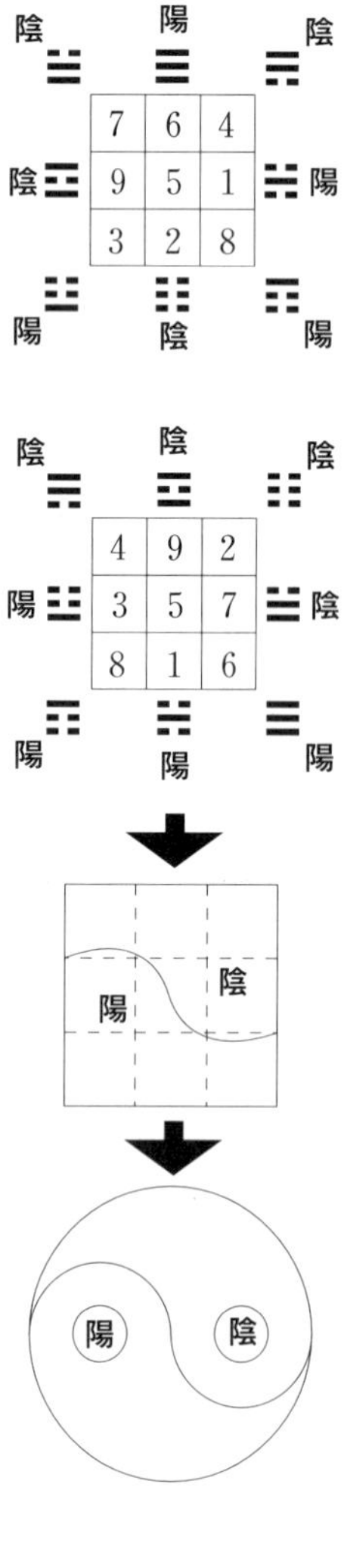

一番上の先天盤とその下の後天盤は、中心の５は共通しており、表裏一体の関係にあることがわかります。また、四正（各辺の中心。先天盤なら１２９６）は陰と陽の

交わりに、四偶《ぐう》（四つの隅《すみ》。先天盤なら4837）は陰と陰、陽と陽の重なりになっていることがわかります。

宇宙は混沌に始まり、陰陽が出来てきて、先天盤の形から後天盤の形に整理されていきます。そして後天盤の形から、陰と陽の区分けが見えてきます。それはご存知のいわゆる太極図の形として表され、ここで宇宙のすべてが陰と陽から成っていることがわかるのです。

この陰陽のしくみは、人間社会についても当てはまります。社会にいる人々の全員が女性ばかりでも男性ばかりでも、バランスが崩れてしまいます。女（陰）と男（陽）が協力して引き合ってこそすべてが成り立ち安定が計られるのです。

さらに見ていきますと、宇宙は四つの相から成っています。位置は東西南北から、球体（立体）は左右上下から成っています。また、一日は朝昼夕晩、人体は頭胴手足、季節は春夏秋冬。人生は幼年期・青年期・壮年期・老年期から成り、力の作用についていえば太陽引力・地球重力・車輪の回転・大地反動力に分けることができます。

こうして分けていった宇宙の根源を、カタカナの起源であるカタカムナ四十八字に配したのが次のウタです。

ヒフミヨイ　マワリテメグル　ムナヤコト　アウノスベシレ
カタチサキ　ソラニモロケセ　ユヱヌオヲ　ハエツヰネホン

この四十八字が、我々日本民族のもつ最古のウタの記録であり、それ以後の日本人の心情や精神構造を解明する上でもっとも根本的な哲学の原型です。また、後世のいろはうたの流れでもあり、高度な直観性能をもって人間の精神を極限まで発揮して今日に受け継がれているのです。

このカタカムナの上古代人のように、直観、つまり素直な感性で物を見極められると、人生に迷うことがなく、すべての判断においても素直によい答えを出せると思います。反対に、自我が強いと素直さが消え、直観力もなくなって迷いが出てきます。天の気、人の気、地の気のバランスを保つことができれば一番よいのですが、我の強さはそれらを狂わせてしまうのです。

私の経験からいえることですが、心の中を素直に保てば、様々なビジョンが見えてくるし、言葉にもなっていきます。そして、的確な判断に結びついてくるのです。

本書の前半には、そのような直観に導かれて私が体験した不思議な世界のことを出せる限り書いたつもりです。それは、この不思議な世界や直観は、本書の後半の算命学の判断に結びついているからです。そして、結局のところ運命学は論理的・統計的な積み上げだけでは解決できないのだということを、理解していただきたいのです。

この本が、運命学を学ばれている方、これから学ぼうとされる方にお読みいただき、直観力と判断力を養うことのお役に立てば幸いです。

平成十七年二月

今宮由晞

目次

目次

目次

第一章　私を育んだ精神風土

生まれ故郷と生家

私が生まれ育った所は、妙高山・戸隠山・黒姫山・斑尾山・飯綱山の信越五岳に囲まれた長野県の北信地方です。

妙高山は温泉地で、新潟県側は観光地となっており、その近くには、神話の里として有名な戸隠山があります。

日本神話の、戸隠に関する話は次のようなものです。

天照大神様が、素盞鳴尊の乱行にお怒りになって天の岩戸に隠れられた時、世の中から光が消えて真暗になりました。困った神々は相談し、岩戸の前で火を燃やし酒盛りをし、天鈿女命という（今は舞踊の神様）女神が踊りました。その踊りが大変面白く楽しかったので、神々は笑い賑やいていました。それに気付いた天照大神様が、外では何を楽しんでいるのかと、隠れられていた戸を少し開けて外を見ようとした時、神々の中で一番の力持ちの天手力雄命が力をふりしぼって思いきり戸を開け放して、天照大神様を外に連れ出しました。

その戸が飛んで来て戸隠山になったという神話です。この伝承は昔からあり、他にも忍者や修験の修業の場として使われたお山とも聞いております。

戸隠山は、落葉松《カラマツ》林があり、杉の大木があり、雑木林の間には笹の葉が生い繁り、大自然のパワーが感じられる場所です。

そんな中に戸隠神社の奥社があり、御祭神は、天手力雄命（天岩戸開きに御奉仕された神）、すぐ隣りに九頭龍社があり（御祭神は、九頭龍大神）地主大神です。

中社の御祭神は天八意思兼命、火之御子神社の御祭神は天鈿女命です。

奥社に通じる参道を往復すると、一時間半から二時間はかかります。

大杉の木立ちの中から、鳥がどこからとなく飛んで来て、チョコチョコ前を歩き道案内をしてくれます。そして奥社に着く頃には、いつのまにかいなくなっています。

中学生の頃、その奥社の裏から登山したのですが、修験のお山だけあって岩場が多く、大きな岩に鎖が打たれていて、この鎖を頼りに足場の安全を確かめながら登るのです。岩から水がジワジワ出ているので、なかなか大変な思いをしながら直立に近い岩場を登っていくのです。

その上に、蟻の棟渡りと呼ばれている難所があり、たしか記憶では幅五〇センチ位で、両脇は霧が立ちこめているので下が見えませんが落ちたら死が待っています。そんな所をやっと、はいつくばって渡りきるのですが、二度と登りたくない恐い場所でした。

その手前のお山が、黒姫山です。里から見る姿は、とても穏やかな姿ですが、こんな民話が残っています。

昔々、その山の上に池があり、龍が住んでいたそうです。

その地方を治める殿様に美しい黒姫という名の姫がいて、龍はそのお姫様に恋心を持ちました。各地方によくあるお話ですが、その龍も若侍に変身して殿様に姫を貰いに行ったのですが、断わられてしまいます。どうしても姫をくれないのならと暴れて強い風雨で自然破壊をし続けたので、姫は民を思って私が行ってこの嵐が治まるのならと申し、黒姫山の池に入水したところ、嵐も治まり平穏になったという悲しいお話です。私は登山したことはありませんが、一度登ってみたいと思っています。

その手前は、飯綱山という大きな山です。高校生の時に何回か登ったことがありますが、この山も大石がゴロゴロあって、きっと修験の山だったのではないかと思っています。

生家の北側に位置する山は斑尾山といい、大きな山です。今は麓《ふもと》は大変開けており、新潟に通じる高速道ができて便利になっています。

そんな大自然の五岳に囲まれた信州リンゴの産地で、私は上水内郡三水村芋川という地名の村落に育ちました。

今は情報時代で、都会も田舎も文化や生活基準の違いも感じられない良き時代の反面、自然破壊があり、いいのかなーと思うこともたびたびあります。

私が育った時代は、まだまだ封建時代の名残りがあり、男と女の格差があったものの、自然の精神文化・山の神・里の神・先祖等の祭り事を大切にし、大自然と一体になった生活をしていたように思います。


私が命をもらって生れたのは芋川字中村という所で、芋川神社が鎮守神社、御祭神は天照皇大神様で伊勢神宮の内宮に鎮まります神様の分霊です。

この神社は村社で、八つからなる村落を昔から守られてきました。九月の御祭礼は、この界隈では有名な祭りでした。八つの神輿が出て、祭礼の夜には、各々の村の役員の家で獅子舞いをして罪・汚れを祓い、秋の収穫を祝います。

夜の九時頃から八つの神輿が一列に並び、順番の籤を引いて一番から列をつくり、神社の石の階段をリヤカーに神輿をのせて村々の若衆が引き上ります。それらが八つ揃うと、いっせいにバレンを廻しタイコや鐘を鳴らして、賑やかに八つ揃った挨拶を神にして、順番に朝まで獅子舞いを奉納します。

翌日は祭り日で、出店も出て賑やかでした。子供の頃はこの祭りが楽しみで、出店のアメやら綿菓子を買うのが嬉しいものでした。

二つ先の駅には柏原という地名があり、今は信濃町というのかもしれません。ここは有名な歌人の小林一茶の生れ育った場所で、その先には昔から避暑地で有名な野尻湖があって、中央の弁天島には弁天様が祭られています。

その鳥居を恋人同士や夫婦でくぐると弁天様が怒って二人を仲たがいさせたりするから一緒にくぐってはいけないと聞いた事がありますし、男の人が水死をしたりすれば弁天様が連れていったんだよ、とよく聞いたことがあって、ここにも大自然の未知なる部分があるのです。

私の旧姓は、長崎といいます。一族で墓を持ち、その墓は先祖代々のもので今も一族で守っていますが日本家系家紋研究所、日本家系協会で調べてみると、恐らく先祖は、平家、平清盛の流れのようです。平家の落人だったのかもしれませんが、絵で書いてみるとこのような墓です（左図）。

過去帖で歴史をさかのぼってみると、この世で会うことがなかった先祖の因縁が伝わってくるような気がします。何百年という長い年月で墓石も風化し、二年前に一族で新しいものに変えましたが、一族の本家はもとは庄屋の旧家であり（今の兄弟・分家の関係ではなく）、村の歴史の展示会には、昔の古銭・槍・銅鏡など古い物をたくさん出していました。

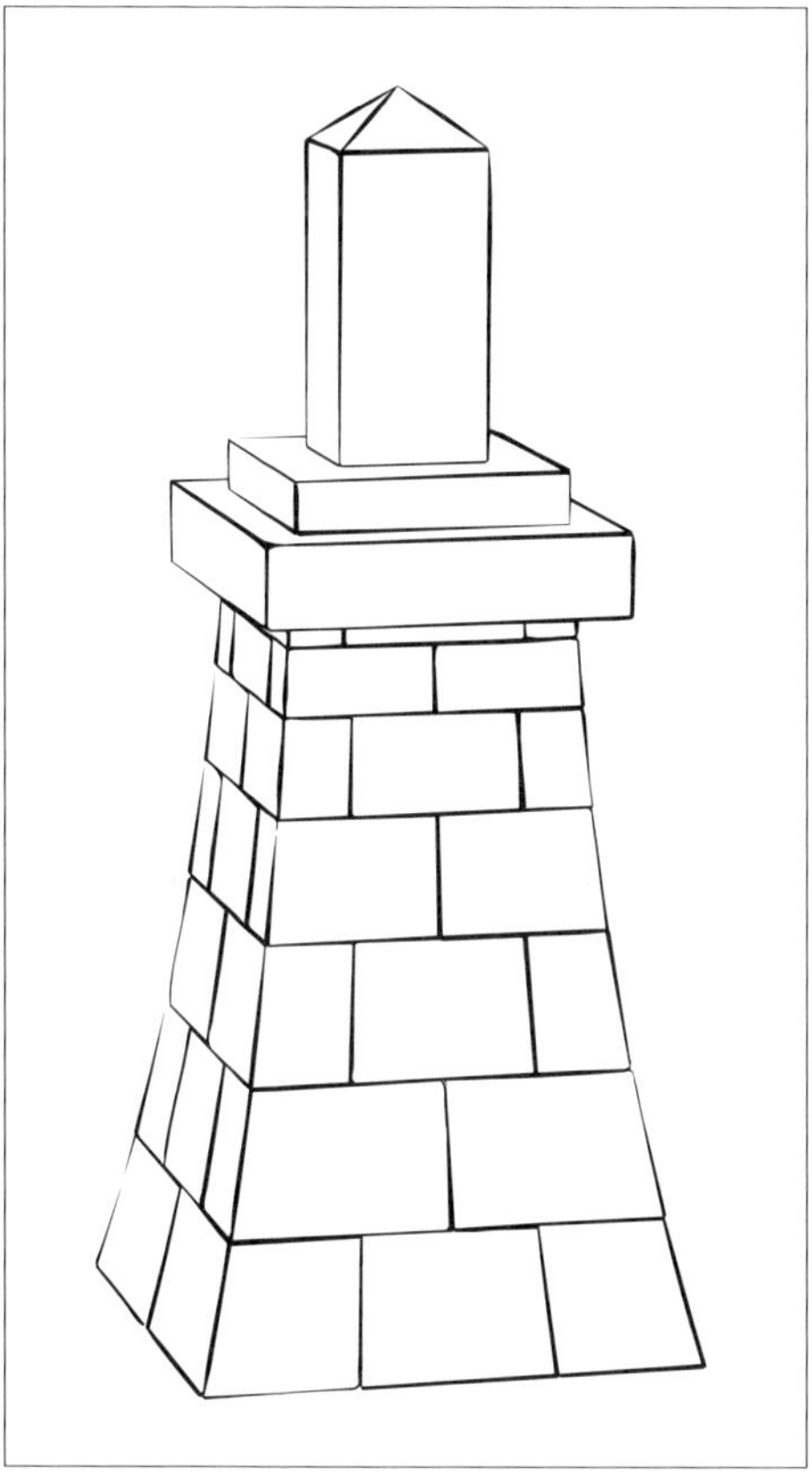

著者の旧姓、長崎家の墓。
平家の流れにあるという。

格式も重んじる家系でした。今は昔の重みも感じられない時代となりましたが……。私の家にも刀や古銭など沢山ありましたが昭和二十年頃より前に刀を集める人が来て、母が刀を束にして出していた記憶が残っています。

集落を訪れてくる漂泊の宗教者たち

これは、終戦後、昭和二十年から三十年代の話です。

毎年正月には、芋川神社、戸隠神社からお札が届けられました。雪深い中を神社のお使いの人が一軒一軒配って歩くのです。お札の代金と一緒か、それとも代金の代わりか、お米や穀物を渡していたように記憶が残っています。

小正月も終わる頃、山から桜の枝を取って来て米の粉を練り、農作物のナスやキュウリ・花の型を作って、桜の枝に花が咲いたように飾ります。

その頃、毎年訪ねてくる人がいました。宗教家なのか、占い師なのか、旅の坊さんなのか、今となっては父も母も亡くなって私もはっきりとは記せませんが、その人に母は家中の事を見てもらっていたようです。

母は非常に占いを信ずる人でしたので、池のこと、家の廻りの木々のこと、どこが障っているとか、さまざまなことのようでした。

戦後まもなくの頃のことです。私の弟がまだハイハイするぐらいの赤ちゃんで兄が子守りをしていて、ちょっと目を離した間に姿が見えなくなり、ちょうど家から東南にあたる場所の池に落ちて浮いていたのです。

兄は学校で水に溺れた時の応急処置を習ったばかりだったので、弟の足を持ち逆さにして、水を吐かせたのですが、だめでした。今のように救急車があるわけでなし、隣り村に元軍医のお医者さんが開業していたので、そこまで自転車で呼びに走り、来てもらいました。弟の心臓に注射をしたらすぐに泣きだしたので、大丈夫だよ、これでよしと言われ弟は九死に一生を得たのです。

でも体が弱い子で、すぐ熱を出し引きつけを起こしていました。そんな時は、生醤油を飲ませると治るのです。

母が祈祷師を呼んでお祓いをしてもらったところでは、弟の体が弱いのは、池に落ちた時に池の底にある毒を飲み込んでいて体に障っているからだと言われていたようです。

しばらくしてその池も埋められ、家の周囲にあった大きな杉の木も日影になるといって切られ、家の裏にあったケヤキの木や赤松の木も全部切ってしまって、私は、子供心に何か心細さというか、心の不安定さを感じていました。

杉の木のそば、家から見ると南西にあたるところに大きなサルスベリの木がありましたが、南に移動したら、杉の木とサルスベリの木で石垣と土手を守っていたので石垣は崩れてしまいました。また、松の木・ケヤキの木で守っていた家の裏側の土手も雨が降ると崩れやすくなったのです。

やはり木々も大きくなってるものは精霊を宿しているので、やたらに切ると怖いと思いましたし、家を守る木々も神木化していたのかもしれません。


私も今は、占い師として人様をご指導させてもらっている身ですので、よく話を聞いて正しく状況判断をしなければ、人の人生を狂わせてしまうと自戒しています。運勢は「動より吉・凶生ず」の言葉通りなので、特に土を動かす時は気をつけています。

我々占い師も、大自然との調和を常に願い、決定権はあくまでも相談される方にあるのだと認識し、左右の方向の指導はしても決めてはいけないのだと思っています。ですから占い師に相談される方は、占いの結果はあくまでも参考として、自ら幸運をつかんでほしいと思います。

もう一人、宗教家や占い師ではありませんが、子供心にも記憶に残っている人がいて、その人は今でいう浮浪者です。一年に四回か五回、村中を廻ってくる人なのですが、ボロボロの綿入れハンテンを着ていてお風呂に入らなく汚れて、褐色の赤ら顔をしてヒゲも黒々とし、自分の全財産を背負って、大きな声で「今日は」と来るのです。皆、顔なじみなので茶を飲ませたり、世間話をしたり、米やごはんを持たせたり、食べさせたりすると大きな太い声で何のお経か、わかりませんがよく通る声でお経を唱えるのです。

皆は「ターおっさん」と呼んでいました。あの太く通る声が不思議に私の記憶に残っているのは、やはりあのお経のせいなのかなーと思ったりします。

悪い事をした話は聞いたことがなく、山一つ越えた隣り村に小屋を作って住んでいるときききました。

それから何年か過ぎて年も取り、山越えをしている途中で倒れていたとか聞いた覚えがあり、きっとその時亡くなったのでしょう。

祖父母の思い出

祖父は、父が一五歳位の時（明治四十二年四月開校の農学校の学生だった頃）に老衰のため亡くなり、私は写真だけでしか見たことがありません。

人生で七人も妻が替わった人でした。それは、例えば、お産の時に亡くなったり、顔も知らずに嫁に来てきっと相性が悪かったのでしょう、祖父が里に帰したりというようなことが理由のようでした。私の祖母は七番目の妻で、寺の娘で年齢の差があり、とても祖父に可愛がられて過したようです。

そんな祖母も私の記憶の中では、とても母に厳しく、私の兄がまだ小さかった時には兄を連れて温泉でゆっくりしたりと、老後を楽しんでいたようです。亡くなった昭和二十七年頃は、自分の息子もわからず、ただ赤ちゃんのようになり、母だけが頼りのようでした。

母には厳しい祖母でしたが、母は感心するくらい面倒をよく見てました。祖母が亡くなる時、意識が朦朧とする中で「ありがとう」と言い、その一言で、母は今までの苦労が消えたと話していました。

父について

父は、祖父の七人目の妻の三男で、祖父が年をとってからの子供でしたので一番可愛がられたようです。

父が学校から帰ってくるのを、祖父は冬はコタツを暖かくしておやつを用意して待っていたと、父がよく話してくれました。

父は親の愛をしっかり貰って育った人なので、私たち子供にもいろいろな事を話してくれました。日常の生活の様々な事をその都度話す、そんな優しい父で、九十歳のとき老衰のため亡くなりました。

父の二人の兄たちは、戦前は中国の大連で、家には家政婦さんがいて何の不自由もなく優雅に生活をしていたようです。

私が生まれる前のことです。父も兵隊で中国に行った時に大陸の広さに圧倒され、何回も母に手紙で中国に来ないかと言ってきたようですが、終戦になる前に帰って来ていたので、今思えば命拾いをしたようなものです。父のすぐ上の兄は、大連で戦死し、その上の兄は、戦後引き上げて来ました。

私の宿命の初年運に、算命学でいう天印星という星が入っています。

そのためか、大連で戦死した淑父さんが私が生まれてまもなく子供がいなかったので養女に貰いに来たのだけれど、美味しそうに母乳を飲む私を見て大連につれて行くのをやめたのだそうです。

宿命は語るものなのですね。その天印星は養子とか養女などの意味があり、赤ちゃんの無垢な可愛いさを意味します。その時一緒に行っていたら、きっと今の私はなかったのかもしれません。

父は末っ子だったので家や土地、田畑、山は長兄の名義になっていましたが、後年父が貰ったようです。

長兄は頑張り屋さんで、村の若衆の集まりの時に酒を飲んで語り合い誰がこれから先一番出世するかと語り合い、その勢いで結婚していたにもかかわらず嫁を離縁して一人東京に出て神田の本屋でアルバイトをしながら帝大（今の東大）の医学部を卒業して、ずっと開業医をして九十歳過ぎまで長寿されました。その子供達も医者になってそのうちの一人もまた寺の娘と結婚しています。

私から見た伯父は、目が鋭くて、山椒も小粒でピリリと辛い、そんな感じのきちんとしている人でした。食事をする時も音をさせないで食べろなど、なかなか躾の厳しい人で子供心にもピリピリしていたものです。体は大きくなかったけれど、風格のある人格者です。因縁とは不思議なもので、この叔父さんも妻を七人替えたと聞いています。

父の腹違いの姉は二人おりまして、上の伯母は、私に祈りの世界を見せてくれた人です。ある年の祭りの日、嫁先から遊びに来て、私の妹の親指の手に魚の目ができて痛がっているのを見て、小さな妹の手を叔母の手の中に包み、何やら口の中で祈っていました。

二〜三日すれば少し大きくなるけど治ると言われたのですが、本当に三日位するとどんどんふくらみ、魚の目がコロリととれて治ったのです。

そのとき私は子供心にも祈りの不思議さを見せられたのです。食事はほんの少しだけ食べる、仏さんのような人でした。

父は神仏に対してとても熱心な人でした。田舎の生活で毎朝、父が神棚や仏段に御飯を上げ、子供達に祈って来いと声をかけ、一家が祈り終るとその御飯を下げて皆で少しづつ頂くのです。朝日が出れば手を合せ、夕日にも手を合せて、大自然に深い感謝の念を持つ人でしたので、夏になると村の友人達と一週間くらい、木曽の御嶽山に登って修業に行ってくるのです。

講に入っていたわけではないと思いますが、御嶽山には毎年行っていたようです。帰ってくると、その業の話をよくしてくれました。

白衣を着て山の滝で行をする時には、女性でも男性でも霊感の強い人は、山の神のパワーで倒れるので、後で支えの人がいるんだよとか、神さんは、人間がわからないと思っていても、ちゃんと見ているんだよ、などと自然と一体になり清々しいよい顔をして語っていました。山には不思議がたくさんあるとも言って、毎年お山で体を清めていました。

父がまだ若衆の時のことです。毎年九月の村祭りの準備では、祭りに奉納する獅子舞の練習を八月から始めて本番まで練習を重ねるのですが、ある年、先輩が御祭礼の夜に神様に奉納されているお酒を祭りが終らぬうちに酔った勢いで勝手に飲んでしまったのです。

それがすっかり神様の怒りに触れて、いつも神輿の獅子舞いの順番が一番だったのに、次の年から私が高校生の頃まで、いつも最後の八番でした。神の怒りは、それだけ長く罰を与えるのです。

一番から奉納の神楽舞いが行われて、八番まで奉納が終るのは朝の明け方の四時頃になり、見物するお客さんもだんだんいなくなった中で最後の奉納舞いをするのです。雨も不思議に降る日が多かったように覚えています。

私が子供の頃からずっと、芋川神社から見ると左側に一段下った所に薬師堂がありました。目の病を治す神様（薬師如来）だよと聞いていました。時が経って日時ははっきりしませんが、近年十五年位前でしょうか、誰が移動したのか、絵のように神社の裏側の山の上に移してありました。

帰郷の度に神社参拝をしているので、いつも薬師堂にも手を合わせるのですが、神社より高い裏山に移すのだろうと思っていましたら、今から三年くらい前に芋川神社が火事で全焼してしまいました。

大きな杉の枝や桜の木々が見るも無残に焼かれ、火の凄まじさが神の怒りのように私には感じられました。

その後帰郷の折寄ってみましたら、以前より規模は小さくなりましたが、社殿（諏訪大社より使っていない社を貰ったと聞きました）が中古で建てられていました。裏山に移されていた薬師堂も以前あった場所より下に移されていました。

気の拠り所を見失うと、大きな損失があるばかりか、神罰てきめんです。人間は天地人の三才に支配されていますので、天の徳、地の徳に感謝を忘れては人は生かされません。自然の調和が整わなくなり、火と水の災いが発生するのかもしれません。

神事・仏事を一生懸命する姿を日々の生活の中で見ながら、知らず知らずのうちに精神世界に興味をもたせてくれた父も、九十歳で亡くなるまでの十五年間は介護の世話になり、「ありがとう」「ありがとう」と言い続けて天命を終らせたのです。

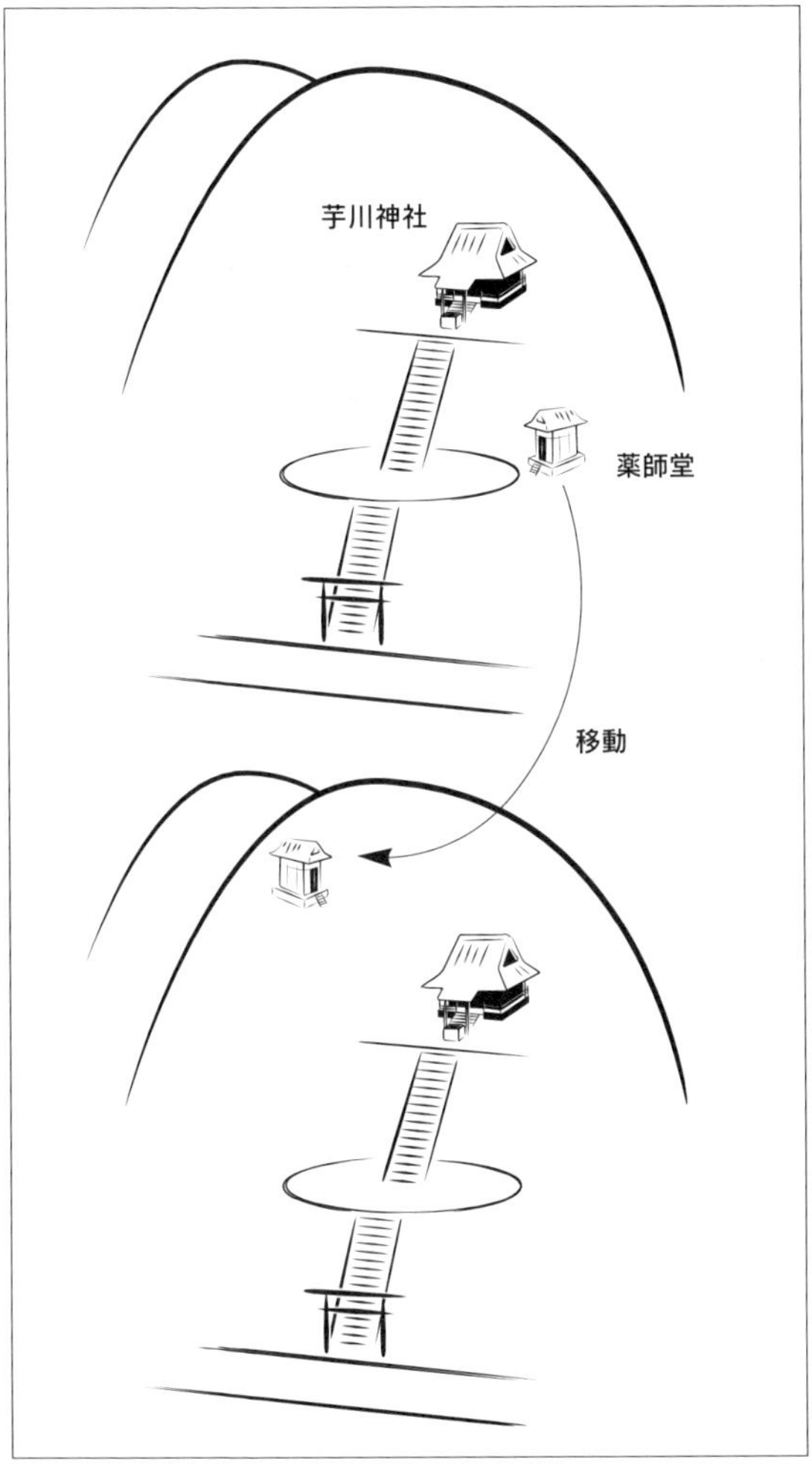

薬師堂が裏山に移動された後、芋川神社は焼かれてしまった。

母について

私の母は、新潟県で育った人です。昭和一桁代の時代に父に嫁ぎ、顔も婚礼の夜に初めて見たといってましたから、親に言われて決められたまま嫁いで来たのでしょう。まだまだ戦前の封建時代そのままの時代でした。また、母方の祖母も中頸城郡樽本の寺の娘で神社・仏閣関係の縁が強いのです。

今の時代のように自分の自由なお金があるわけでなし、姑がサイフを握っていたので姑の指図のままの日々で、兄を産むため実家に帰った時には、ホッとしたようですが、お産が難産で大変だったのです。

雪の多く降る新潟の山村なので、今のように病院で産むのでなく、お産婆さんを頼んでの出産です。

大変な苦しみの中で兄を産んだのですが、そのときに意識がなくなってしまいました。とても良い気分になって、どんどん暗いトンネルのような所を通り抜けると、辺り一面に無数の小さな花が咲いていて、行けども行けども花が咲き香りがよく、この世とも思えない様子だったそうです。よい気持で遠くで誰かに呼ばれているのだけれども、ふり返ることもできないくらい気分がよかったのです。前へ前へと進んで行くと、前方で誰かが来るな来るなと言ってるのですが、足が止まらないので進むと後方で呼ばれている声が急に大きくなり、はっと我にかえったとのことです。

その時、母の枕元では、お産婆さんや祖母達が木炭の火をおこしてその時に出るガスを母の鼻元で吸わせ、それで気がついたのです。その頃から様々な霊体験を感じる人になったのでしょうけど、宿命を見ますと感性の鋭い星を持っているのです。

それから五年が過ぎ、父が中国に兵隊で行っていて帰って来てから、私が生まれました。その間の五年間も姑はとても厳しく、何度実家に帰ろうと思ったかしれないと私が子供の頃によく話していました。

まだ私の兄が赤ちゃんだった時のことです。姑は孫は可愛く嫁は憎くて何をするのも気に入らない、そんなある夜、母はあまりにつらくてガマンの限界を感じ、最終の汽車で実家に帰ろうと家を出ました。一人真暗な道を隣り村の近くまで行った時、兄の泣く声が耳から離れず、そのまま引き返し、鎮守の森の芋川神社に直行しました。

普通は夜に一人では真暗で行けない所ですが、その時は、泣きながら神の前で正座をして心を鎮め祈ったら心が楽になり、真暗な中を家に帰って姑に頭を下げ家に入れてもらったと言っていました。人間は、心が座ると何も恐いものもなくなるのでしょう、あの暗い神社で神様に祈ったら気持が楽になることができたんですね。

そんな母の話を聞くと、母だけではなく大正から昭和の初めに娘時代を送った人達は皆、戦争と封建制の中で苦しみ、何の喜びもなく過したのかなーと思ったり、時代の流れを感じます。

その後、私が生まれ妹が生まれ弟が生まれましたが、妹はとても食の細い子でカボチャが大好物で小さい時はカボチャばかり食べていましたが体の弱い子だったように思います。今は三人の娘の母になり強く生きています。弟も池に落ち死にそうになり助かって、今は、四人の子供達のりっぱなお父さんになっています。兄も三人の娘の父で娘達に囲まれ元気に過しています。

母は、本をよく読む人で、人相の事をよく言ってました。耳たぶ（垂珠）が大きく厚みのある耳がいいんだって、と言って自分の耳をよく伸ばしていました。手相でか、宿命で見たのかわかりませんが、母は自身の事をよく占いで見てもらっていました。生前、よく手を出しながら、六十五歳の時に大病をするか大ケガをして命に危険があるかもしれないがそれを乗り越えれば八十歳以上に長生きできるんだって、と言っていました。そして、本当に六十五歳の五月五日（子供の日）に天国に導かれて行ったのです。

前年の秋に米の収穫の手伝をしてた時のこと、周りが手伝わなくていいよと言うのに手伝って、最後に軍手をしていたのが仇となり、軍手が機械にかかり動力の勢いに軍手ごと手を入れて手の指四本もぎとられてしまったのです。すぐ長野の日赤に入院したのですが接続する事もできず出血止めなどの薬のため糖尿を併発、弟の結婚式にも出れずに新婚旅行から帰ってくるのを待ちながら弟夫婦が帰って来たら、その夜永眠致しました。

今思うと母の人生は、波乱の人生でした。病院で臨終の時、父も弟も兄も間に合わなかったけれど私と妹はずっとついていました。死化粧を看護婦さんにしてもらい、安置室で経を読んでもらって、すぐ連れ帰った時、息をしてない母なのに車の中で膝に頭を抱いて妹と連れて家に着くまで体温の温かさが残っていて、その温かさは二十数年過ぎているのに今も膝に感じる消えない不思議な母のぬくもりなのです。

母の死から、母の供養を兼ねて観音巡りに講元さんに声をかけられ百観音巡りに参りました。年寄りの中に交じって阪東・秩父・西国と春と秋二年がかりの修業の参拝でした。

いつもバスの中から宿に入る時、バスの窓に夕陽が輝らされると母のニコニコした顔が浮かび、先祖供養に廻れた喜びと感謝を感じたものです。

各札所を廻り観音経を唱和して鈴を鳴らすのです。魂が清められる思いでした。

西国巡礼の最後には、高野山の宿坊で一泊しました。翌朝の六時の朝の参拝は、俗世間からの煩わしさから離れた十日間の納め日で、大変な感動を受けました。

また桜の咲く頃に行ってみたい聖地です。

母の願いなのか、その後の私は、運命の糸にあやつられながら、占いの勉強に入っていきます。

母は死の寸前、病室の天上を見ながら誰れかが早く来い、早く来いというけれど、大きな山が沢山あってそれを一つ一つ越えて行くのに、どうして早く行けるかと誰ともわからぬ空中を見ながら文句を言ってました。あの時は霊界からお迎えが来ていたのですね。

私は母から直接聞いた事はなかったのですが、近所のおばさんが母が死んでから何年かたって墓参りに行った時話してくれたのですが、よくかあちゃんは手相をみて四人の子供のうち誰か一人世に出るよと占いの人に言われたけど誰だかねと話していた、との事、私としては、せめてもう少し、あと十年でも長生きしてほしかったのです。「親孝行したい時には親はいず」の言葉がまさにあてはまり、つくづく親子の血の流れの濃さを感じます。

運気のめぐりいまだ来らず

私の通っていた村立の中学校では、一学年が三クラスに分かれていました。その中でも高校に進学する生徒はクラスの中の三分の一、他の生徒は名古屋・東京・大阪へ就職しました。女生徒のうち、紡績工場に就職する人が多かった時代ですが、母は、女も教育を受けていないとこれからはだめだよ、自立するには教育が大切と説き、自分のできなかったことを娘に託したのか、私は家から近い県立高校に入学しました。

この高校は、もともとは地元の農業高校から明治四十二年に設立したのですが、男子は農業科・普通科、女子は家庭科に分かれていて、ちょうど私の入学の時から女子の普通科が新しくできて少人数だったので男子の普通科の中で同じ教育を受けることになりました。

今でいう進学コースのようなものでした。一学年の時は、家庭科コースの生徒と家庭科を週に二時間位は一緒の勉強がありましたが、二年・三年とまったく家庭科の授業がなく、男子生徒のコースで勉強を受け、大学受験を志したのですが、今思えば「井の中の蛙」で過ごしていたのかもしれません。

その頃は、運動に勉強に充実していました。幾何学や歴史が大好きでした。一年生の一学期に、代数も幾何学も最低点を取ってしまい、これではいけないとまず藁半紙の両面に書いて丸暗記をしました。それが面白くなり、二学期には幾何で一〇〇点を取ることができ、ただ字が揃ってないと減点二点されましたが、クラスでできた順に答案用紙を返す先生だったので一番に呼ばれた時は、嬉しくて、書いて覚えることが私には一番頭に入ったように思います。それからは、漢字や歴史などすべて藁半紙のお世話になったものです。

今のように塾があるわけでなし、田舎の山村だったので交通の便も悪く、自分で教科書や参考書で入試問題の勉強をするしかなかったのですが、今思えば力がなかったのです。

国立（信州大学教育科）を受け失敗、私立の女子大（昭和女子大）も受け失敗、通信教育（日本女子大）を受けたのですが夏休みの間一カ月受講しなければならず、勤めていたので休みが取れず継続がむずかしく断念せざるを得ませんでした。

そんな時、高校時代担任だった土屋先生が手紙を下さり、向学心もよいけれど女の子だから良い人と縁を結び嫁に行き良妻賢母になりなさい、と長い長い手紙を頂いた時には泣けました。そんな先生も五十歳代で亡くなられ残念です。背が大きく眼鏡の奥の優しい眼差が今も脳裏に焼きついていて忘れられません。
私の受験当時と今の若い人たちの受験体制は違いますが、私自身は身の程知らずだったと思います。今、受験の相談に見える若者も、二浪も三浪もするのは、私はよくないと思いますね。一浪したらしたで、その中で決めていったほうが人生に狂いが生じずよいと思うのですが……。人生はいつも勉強ですから、どんな形でもその道に秀でることができれば、すばらしいものだと思います。

運勢的にこの時期を見てみますと、気持だけが先走り、実力が伴わない大運の時期にいます。十二歳から二十一歳までの運命は、この丙戌の大運の十年間に支配されており、生まれ日の年干支・庚辰と天剋地冲で自分の希望がことごとく破壊されて望みを断ち切られたのです。

女子大の受験の際、一人で東京に行き寮に入った時のことです。同室の受験生たちは、九州とか北海道とか東北など地方の人たちが多かったのですが、医者の娘だったり校長先生の娘だったりと皆家庭教師に学んでいました。そこでその雰囲気に飲み込まれ、自力で頑張っていた自分が何とも心細くなってきました。

皆と一緒に寮の風呂に入ったのですが、湯当りしてのぼせてしまい、緊張もあって目の前が真暗になり、そこで倒れてしまったのです。気がついたら寮で寝かされていました。ウイスキーを一口飲まされ気がついたのだけれど、倒れた時にいやという程強く口元を打ってしまい、赤く腫れ上り頭は痛く、翌日の入試に一時間遅れてしまったので残念ながらの結果になってしまいました。

国立の時は、英語力がなく読解力にとぼしく、とても問題の量が多く訳す事に苦労してしまい、力不足の結果でしたが私自身では人生において良い経験をしたと思っており、決してマイナスではなかったような気がします。

経理ウーマンとして

何しろ田舎出なので右も左もわからず、人の紹介で、その頃から始まった月賦販売店の経理課に就職しました。

今はローンなどの制度がありますが、その頃の月賦販売は、その会社だけの割賦のカード用紙を使っていました。私は経理を任されていたので一日がとても忙しくて、休みを取ることができず、会社が休みの時も書類の整理が山とありました。自分で言うのもおかしなものですが、とても責任感が強いほうなので、気になって書類を溜めることができずにいました。ちょうどこの頃、大学の通信教育を受けていましたので過労が重なり、とうとう倒れてしまい、何か一つやめなければ体がだめだよと医者に言われました。

二年くらい頑張りましたが、結局無理でこの会社を辞め、過労を治してから神田の印刷会社に就職しました。ここでも経理一切を任され、都電に乗って板橋の凸版会社や市ヶ谷の大日本印刷に集金に行ったり、職業安定所の手続きに行ったりと毎日を忙しく過ごしていました。

工場は、千葉の横芝という町の廃校を工場にしたところで、印刷された荷を東京に運んだ帰りのトラックに乗せてもらって従業員の給料を運びました。その頃はまだ稲毛や幕張の海岸線は埋立てになっていなくて、海岸沿いを走ったものです。工場の事務員に給料を渡して、工場から上ってくる書類を貰い、本社で全部管理するのです。それが六年ほど続きました。

夜間何か勉強しなければと思い、会社から近かったのでその頃専修大学で夜学の簿記講座の募集があり、一年間講座を受けました。大学生や一般社会人など様々でしたが百五十人位初めは受講生がいましたが、一年間でも一人減り二人減りして翌年の三月の受講終了時は三分の一の五十人位になっていました。私は根気よく通って、修了証明書を貰いました。

この一年で経理の商業簿記・工業簿記をマスターして税務署に決算の書類が出せる程になりました。若いうちに貪欲に色々なものを吸収することで一生の宝になりましたが、この会社も色々と経営内容が悪くなり、六年ほどで会社を閉めました。

夫との出会いと結婚

この会社に在籍していた頃、夫との出会いがあり結婚しました。ちょうど東京オリンピックの年でした。夫は何の財産も持ち合せていない、健康だけが取柄の人で、背が高くスーツを上手に着こなし、銀座のレストランでフォークやナイフの手捌きが見事で、田舎出の私は、そんなところに見とれていたんですね。相手は遊びなれていたのかもしれませんがその頃としては高い給料を貰っていましたので結婚生活ができたのです。

今宮という姓は、日本家系家紋研究所発行の家系本によりますと、人皇五十六代（諱惟仁）清和天皇から始まり皇孫にして清和源氏姓を賜りて臣籍に降下せりとあり源義政が常陸国に住し……源義光（新羅三郎）から続き子孫が常陸国久慈郡佐竹郷に入り佐竹の代を号としその分枝からなるとあり清和帝より佐竹氏を経て今宮氏至る世系とあります。

私は平家の落人の出とすれば夫は源氏の流れ、不思議なめぐり合わせですね。そして、この結婚が運勢の波乱の幕開けとなるのです。

波乱の幕開け

夫の勤めていた会社が倒産し、伯父を頼って相模原に移ったのですが、伯父と友人で経営している会社も経営がうまくいかずに遅れ遅れの給料を貰いながら長男・二男を横浜の国立病院で出産するのですが、これも双子だったので、無事に生まれるか心配しました。

動くに動けない時期でした。お金はなし、子供は生まれるしで、近所に豆腐屋さんと肉屋さんがあったので豆腐とか納豆、コロッケが毎日の食卓のおかずです。双子だったので母体が大変で妊娠中毒症になり、食物の制限や水分制限もあって牛乳とミカンで水分補給をしていましたが無事生れました。

その後、ここでは生活がしていけないと見切りをつけ、船橋に移りました。船橋には結婚してすぐに買っておいた土地があったので五十坪を売って商売をしたのですが何しろ素人なので自信がなかったのですがそんな事は言っていられません。三男も生まれ、現実の厳しさが目の前に迫ってくるのです。

食料品の店を出して、何とか少しは子供を育てながら貯金もできたのですが、ここから天尅地冲の大運の十年の後転運に飲み込まれていくのです。

詳しくは第三章でご説明しますが、運命学を勉強している人には実例として参考になると思いますので、ここで私の宿命をご紹介しておきましょう。

陰占

時間		日	月	年
丁		庚	戊	庚
丑		寅	子	辰
癸	(午未)	戊	癸	乙
辛		丙		癸
巳		甲		戊

日干支と大運の干支が天剋地冲

年干支と大運の干支が天剋地冲(望み叶わず)

2歳　丁亥

１２歳　丙戌

月干支と大運の干支が天剋地冲

２２歳　乙酉

３２歳　甲申　天剋地冲の大運

４２歳　癸未　大運天中殺の２０年

５２歳　壬午

６２歳　辛巳

７２歳　庚辰

８２歳　己卯

９２歳　戊寅

陽占

	貫索	天印
龍高	調舒	司禄
天馳	龍高	天極

教科書ではないので細かな命式の出し方はここでは省かせて頂きます。宿命は器《うつわ》であり、後天運によって良くも悪くも人生が動いていきます。

ここでもう一つ書き添えておきたいことは、私の生家は浄土真宗で、夫の生家は日蓮宗ということです。ここでも「南無妙法蓮華経」のお題目と「南無阿弥陀仏」の違いがあります。つまり私と夫との間には、平家と源氏の対立と、親鸞と日蓮の対立があるのです。親鸞は肉食妻帯し、南無阿弥陀仏ですべてが救われるとし、日蓮は、南無妙法蓮華経の題目を初めて称え、南無阿弥陀仏では救われないとしたのです。それは『仏教なるほど百科』（ひろさちや氏著）に書かれています。

こんな違いを感じながら、私の人生の中で一番大変な激動の天尅地冲の大運を運にまかされながらようやく商売も少しは貯金ができ、忙しくても人並の生活ができるようになってきました。

火事で財産を失う

そんな矢先、忘れもしません、十二月二十四日クリスマスイヴの夕方五時頃のことです。隣りの家より火が出て、火の出る時はどうして風が吹き狂うのかと思うくらい強い風が吹きました。

雨の後だったので大火事にならずに済んだものの、私のところも類焼となり、全財産を灰にしてしまったのです。

嫁入りの時に母がタンス一本に詰めて作ってくれた着物、京都に出して一枚一枚作った年代別のもの、一度も手を通さず全部灰にしてしまいました。

夕方だったので子供達はケガ一つせず無事に助け出しましたが、商売のクリスマスから正月にかけての仕入商品は全部焼けて水をかぶっていて使い物になりません。テレビや流しのステンレス、冷蔵庫も灰のダンゴです。何一つ持ち出すこともできずに、一夜にして頭の毛が円型に白髪になってしまいました。

とはいえ、夜中の火であれば疲れてグッスリ眠っていて全員助からない命だったのですから、天の助けに感謝しなければなりません。

周辺の方々に助けて頂き、大変感謝しております。ここで火災保険でも多く入っていればまだよかったのですが、ほんの小額しか掛けていなかったので保険金もすずめの涙ほどしか入らず、またもや職を失ってしまった我が家です。

試練を克服、再出発

少しながらも手にした火災保険金を種にして貸し店舗を借り、食堂を始めました。天剋地冲の大運に入っていましたが財の星と吉神に保護されていたので、廻りの人たちに助けられながら生活できました。

よく妊婦が火事に遭うとお腹の赤ちゃんにアザができると聞いてましたが、その時お腹にいた娘も無事アザもなく生れたのでまずは一安心しました。子どもを育てながら調理師の免許を取り、三年頑張った後、ローンで一軒家を買うことができたのです。

この頃から様々な宗教団体に誘われて教務や団体の仕組みも見てきました。現実には激動の時ですが、自分の人生観を知りたくて宗教廻りと占いの勉強を本格的に始めたのです。

夫が始めたもう一つの仕事が波に乗りましたので、昼は事務を手伝い、夜は食堂と働き続けて、若いとはいえよく体が持ちこたえたと思うくらいでした。やはり三年後、その店舗つき家も売り、普通の住宅をこれもローンで買い替えました。占いの勉強をしてから方位をみてみると、やはり天の助けです。知らないで買った家がとても良い吉方でした。

この家に移ってから夫の商売もますます忙しくなり、私も占いという占いの勉強をいろいろするようになっていきます。

占いの勉強を本格的に始める

占いの勉強は、東洋系・西洋系の両方をマスターしました。算命学を、もう亡くなられましたが宗家の高尾義政先生の学校に入って勉強し、気学・易学、姓命判断は、福田有宵先生に指導を受け、さらに福田先生の紹介で大熊茅楊先生の教室に入り勉強しました。ここで何年間も周易・気学・手相・姓命学・人相・家相を勉強します。

宿曜二十八宿の勉強を小峰有美子先生に指導を受け奥伝まで深く勉強をし、断易は加藤先生に指導を受け、数理学は海上先生に指導を受け、根本先生には四柱推命の指導を受け、実に多くの先生方に出会い闇雲に勉強し続けました。

算命学の高尾先生には灯希野《ときの》の名前を頂きました。これは守護神を名前に入れたものです。

また、小峰先生には宮麗恵《ミヤレイケイ》の名前を頂き、大熊茅楊先生からは今宮由晞の名前を頂きました。

後に池袋と渋谷のパルコで鑑定を長い年月するようになりますが、鑑定の時は宮麗恵のネームを使用、日本占術協会では由晞のネームを使用しています。

西洋占星術は、数年前に亡くなられましたが潮島先生、紅亜里先生の指導を受け、また訪星珠先生の指導も受けました。

その他、特殊な生命判断の亀谷圭之助先生には、語音感と数音感など人体全体の事を教えてもらったのです。その時はむずかしく感じていましたが、時が経って思い返してみると感心する事ばかりです。亀谷先生が生存されていた時にもっと夢中に勉強しておけばよかったと思う今日この頃です。

七面山での神秘体験

このころから小峰先生が幹部になっている希心会という宗教団体に入りました。ここは法華経を説いた日蓮を主にした団体です。

誕生寺（日蓮生誕の地に建立された寺）。近くに日蓮の両親を祭る寺もあります。

清澄寺（千葉県安房郡天津小湊町）。日蓮が出家得度し立教開宗をした地。

久遠寺（山梨県南巨摩郡身延町）。日蓮宗の総本山です。

この団体では、身延山よりも七面山の行が多く、毎年清澄山や七面山の行をしていました。一番私が感動したのは、九月のお彼岸の日、七面山の頂上より拝観する富士山の頂上から昇る日の出のすばらしさです。

富士山の頂上から昇る日の出、その光りが七面山の頂上にある寺の本堂に一光となり入ると聞きました。それは、すばらしい光景で廻りには雲一つなく行の疲れも一瞬

清澄寺（千葉県安房郡天津小湊町）。
日蓮が出家得度し立教開宗をした地。

清澄寺の日蓮像

にとれて清々しい感じでした。

何回か登拝したのですが、その都度霊山のためか受ける感じが違っていました。

ある時、団体ではなく、どうしても七面山に登りたいという女性がいて、三人で登山口より山の神々に参拝して山門を入ったのですが、すぐに登りたいと言っていた一人の女性が動けなくなり、少しの間体を横にして休ませ、九字を切り二十分位してようやく歩けるようになりました。

もう一度入山のお願いをして自分の荷物とその人の荷物を私が背負い、もう一人の人が彼女を補佐しながら山頂に宿をお願いしてあったので、頑張って休みながら登って行きましたが、一九〇〇メートル近い霊山なので二人分の荷物を背負った私は大変でしたが、無事登ることができました。

山頂の宿に入った時に鏡を見たら、私の顔が絵にある七面大明神のお顔に見えたのです。守護してもらって軽く登ってこられたことに感謝しました。その後も何回も参拝登山をしましたが、いつも登る度に体にかかる重みが変わり、行の苦しさを感じたのです。

占い師としてデビュー

このころから縁あって渋谷のパルコや池袋のパルコで鑑定の場に参加させてもらい、ずっとその後も続くようになります。

その間も生涯勉強ですから様々な占いの勉強は続けました。それと同時に吉方を取りながら方々の神社、仏閣を参拝しつづけたのです。

東洋系の占いも西洋系の占いも答えは結局一つなのですが、私の場合は東洋系の勉強を先にマスターしたので、どうしても西洋占いよりも東洋系を得意としています。

時を同じくして夫の商売も上向いてきて、この頃は、経理事務全般を見ながら、週に三日～四日ほどパルコで鑑定をしていました。過密な日々でしたが、子供達の教育にもお金がかかる時だったので頑張るしかありませんでした。

思い知った天尅地冲の怖さ

そんな時、税務署（当時まだ船橋税務署ができていなくて市川税務署の管轄でした）

の立入り検査がありました。私の帳簿ミスで入金の記載もれがあって、とことん隠しているのではないかと疑われたのです。銀行に一週間調査が入って得意先にも迷惑がかかるし、さんざんな思いをしました。どんなに調査されても何も出ないのですが、これが大運の天尅地冲なのかとつくづく思い知った出来事でした。

追徴金を請求され、何を言っても無駄で、銀行から借入れして払うことになりました。もうそろそろ停年に近い昔の軍隊上りの目の鋭い監査官で、頼りにしていた税理士は全然ダメで何の力にもならない人でしたので、やめてもらいました。その時に銀行から紹介してもらった税理士は、今もつづいています。

現実の器が壊され、修理すればまた割られる人生最大苦悩の時でしたが、これをよい教訓にして帳簿の記載の時には、ウッカリミスや記入落ちがないように、どこから聞かれても答えられるようにしています。

佐倉に土地を買う

これを機に、小銭が貯るとろくなことがないのでまた借金をして佐倉の現在事務所として使っている場所を買ったのです。

この場所も不思議な場所です。京成臼井駅の近くですが、今から二十四年位前なので駅前の大型スーパーもなく、駅前の土地は整地されていても問題ありで売り出されていない時でした。そんな頃に縁あって、大通りに面した東南の角の三十五坪程の土地を買うことができました。銀行のローンも組むことができ、後で思うと、これもこの地の神様に呼ばれていたのかもしれません。家の一階を貸店舗にして、何とかローンの支払をし、細々ながらの再出発です。

この土地に家を建て二年経った頃、地続きの裏側に十七坪位の土地があり、そこが売りに出て、地続きなので買わないかと不動産屋から話が来ました。銀行に相談すると地続きなので全額ローンを組んでもらえて、その土地を買うことができたのです。

裏の建物は一階建ての、表の建物より華奢な鉄骨建てにしました。

明日は完成という日の夕方六時頃、私は見ていないのですが、大きなネコが魚をくわえて来たというのです。大工さんが屋根から見ていたそうですが、白黒のブチのネコで、大きな三十センチ位の鮒のような魚を出入口に置いて、人が来たので逃げていったと言うのです。

また取りに来ると思い、そのままにして置きましたが、次の朝になっても魚はそのままで、不思議なことに魚にはネコがくわえた跡がなく、昨日のネコは何だったのだろうと思いました。何かの化身だったのでしょうか。近くに池もなく、どこからくわえてきたのかもわからないままでした……。結局その魚は、土に埋めましたが、きっとこの地の地神が祝ってくれたのかとも思っています。

何度もローンの支払いが重荷になり売ってしまいたいと思っても、何とか支払いも終わり、その家は現在も持ち続けています。

第二章　神仙との邂逅《であい》

大運天中殺に突入

天尅地冲の大運の破壊と再生の十年間が終りに近づき、今度は大運天中殺の二十年間に突入しました。

大運天中殺では、自分の力量が上昇するか降下するかなのですが、私の場合は、吉神（喜神）が巡り、異常世界、精神世界の奥深くを体験することになるのです。

まず天剋地冲の十年です。左頁の図にありますように、天剋地冲において、地支の対冲は、目に見える時間の流れの中の破壊。一方、天干の剋は、精神面、目には見えないが精神の世界の構造の変化が出てきます。

次に迎えた大運天中殺の大運二十年では吉神の恵みを受けて、本来の器より無限に

宿命分解図

時	日	月	年
丁	庚	戊	庚
丑	寅	子	辰
癸	（午未）戊	癸	乙
辛	丙	（壬）	癸
巳	甲		戊

大運年表

2歳	丁亥	
12歳	丙戌	生まれ年庚辰と天剋地冲、希望叶わず大学受験失敗
22歳	乙酉	
32歳	甲申	日干庚寅と天剋地冲の大運の10年
42歳	癸未	大運天中殺の20年、52歳～生まれ月の戊子と天剋地冲
52歳	壬午	
62歳	辛巳	大運天中殺の余韻の中で
72歳	庚辰	
82歳	己卯	
92歳	戊寅	

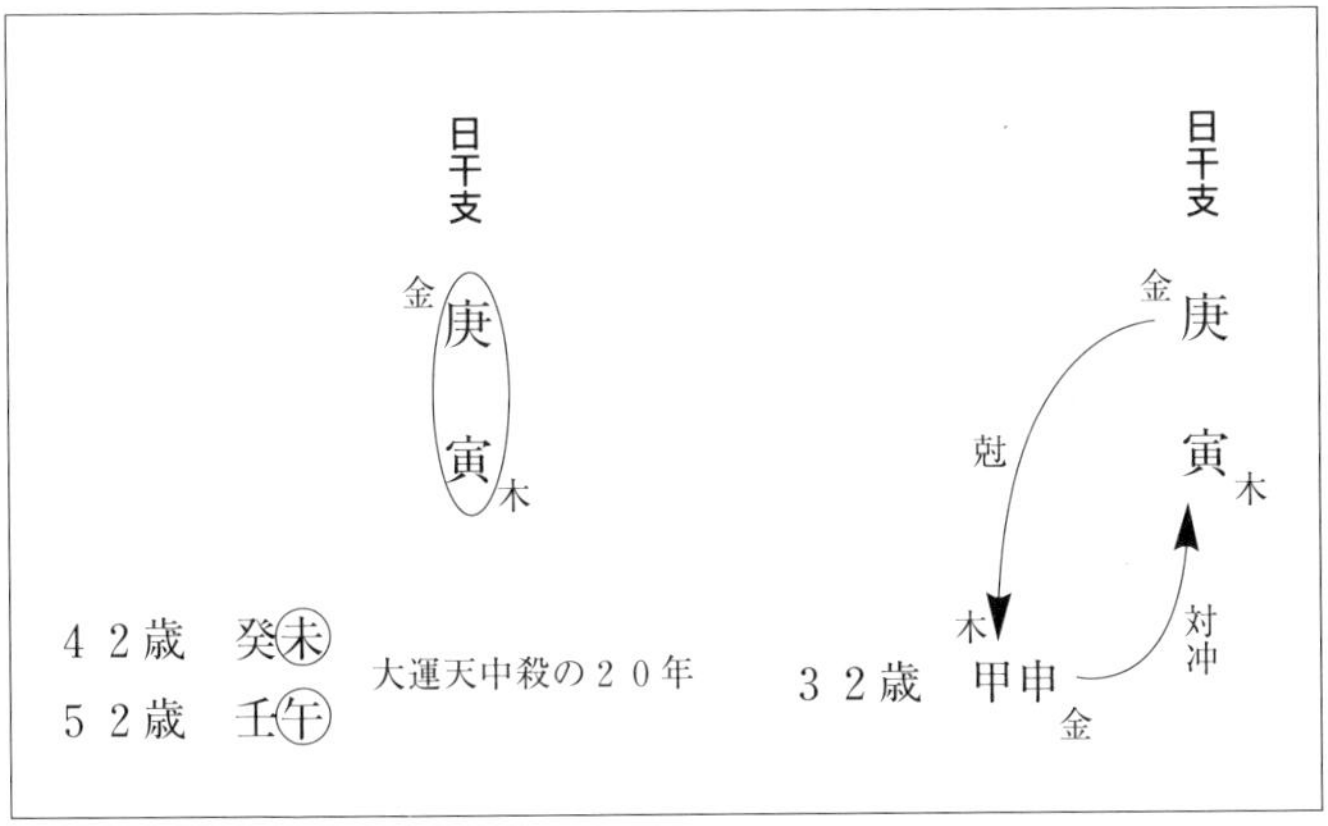

大きく広がって行きます。
その時にあまりに広がりすぎると、大運天中殺が終る頃に命との引き換えが待っています。つまり、大運の中でもらった財は、自分の器の器量に合うものならよいのですが、あまりに膨らみ過ぎると、元の器に戻るとき器に戻りきれなくなってしまうのです。その時は、終わりの時なので、前後五年位がその人の調整の時となります。
私の場合は、前の十年の破壊がものすごかったので、まあ、ほどほどと思っています。

神仙光臨の前兆

さて、私の場合、大運天中殺に向って精神世界の中の修業が始まります。百観音めぐりが無事に終り、その後は希心会の日蓮宗のお山の修業をしました。この会の世界平和・国家安泰の行で、清澄山の清澄寺、山梨の七面山、お万の滝の行と、私を守護する、姿は見えずともいつも指導する存在がありました。この存在が、後に私に降臨された神仙だったのです。

清澄山は前に記載してありますが千葉県の天津小湊町にあり清澄寺まで行のため誕生寺より歩くのです。行列を作り、お題目を唱えながらの団体行進です。

清澄寺に着くとその夜は寺泊りで、翌朝三時頃から外に出て、日蓮上人の像が立ってるところから裏山に向って階段があり、その階段に並んで朝日が出るまで法華経の十二番だったり十六番だったり、または二十五番などその時により指示される経は違うのですが唱和し、世界平和と国家安泰を祈るのです。

そんな折、まだ朝日が登る前なのであたりは暗いのですが、突然、天からバスケットボールほどの黄金の玉（パワー）がまっすぐ私の胸を貫くように入り、その衝撃でよろけて倒れそうになりましたが、直後に頭に金の環をかけられ、体全体が天上に引き上げられたのです。その時はきっと体はそのままで霊魂が天上に上ったのだと思います。

清澄山にて。突然、天から黄金の玉が胸に飛び込んできた。

我に返ると、涙がとめどなく流れてきました。悲しみの感情ではなく歓喜の涙がとまらなかったのです。周りの人々は不思議に思われたことでしょう。

この天のパワーを受けてから、未知なる精神世界に入り、今度は精神世界の行が待っていたのです。

清澄山清澄寺縁起によると、天福元年（一二三三）五月十二日、日蓮上人が御歳十二歳の時、父重忠公に伴われ清澄山に入り、道善阿闍梨を師とし出家得度され、勉学修行に励まれて、また諸国の奥義を学び、御歳三十二歳建長五年（一二五二）四月二十八日、清澄山頂・旭が森において昇る朝日に向かって、初めて「南無妙法蓮華経」と唱えられた、これが日蓮宗のはじめであるとあります。

みぎはには　立ちもよられず　山賊《やまがつ》の
　影はづかしき　きよすみの池

という古歌にちなんで清澄寺と名付け、「山頂は常に妙光を発する」として山号を千光山と称した、と書かれています。

日蓮聖人が旭が森での日の出の行で「南無妙法蓮華経」を唱えられたとあるように、私もまた、旭が森での日の出の業の祈りの最中に天からのパワーを受けたのは、何か不思議な気がします。縁起にある「妙光」も、天からのパワーが入りやすいお山であることを表しているのかもしれません。

旭が森で天光を受けてからその後十数年過ぎて、神仙と相交え、そしてさらに十年後の一月八日早朝、「光満慈師」の名を示されました。この名前も、天光を受けた旭が森に関係があるのかもしれません。また天光は天照皇大神様の天光だったのかもしれません。

ある時には、中山の法華経寺の奥ノ院に縁のある人の誘いで、やはり七面山の行に行きました。その団体は小人数で、七面山に登る前にお万の滝の行がありました。お万の滝のそばの寺から先達に導かれ、行者が滝の四方の不動明王に事故のないように祈り九字を切って一人ひとりが滝に入るのです。その時はちょうど七月の終り頃で、小さな雨台風が通った後だったので、水が私の胸近くまであって滝から落ちてくる水量も多く、何か不安な気持になりました。

滝に打たれて何分も入っていないのですが頭が割れるように痛くなり、水の中で倒れたら大変と頑張ってその寺で一泊したのですが、夕食も食べられなくなり、そのうち頭を上げることもできずに朝まで横になっていました。

その間、先達さんや幹部の人が代わるがわる来てくれて祈ってくれましたが、頭の痛さは治らず死んでしまうのかなーと心細く思ったものです。

その夜、眠れぬままウトウトしていたら、夢なのか枕元に若い尼僧の後姿が現れ、紫の衣に後姿なので顔はわかりませんが背に白蛇が背筋に添って鎌首を立て、目も口も赤く私をじっと見て色々なことを言ってくるのですが悲しいかな、よく意味が読み取れません。

結局、朝まで頭の痛いのは治らず、朝食も食べられずに七面山の登山の行に一緒に行ったのです。

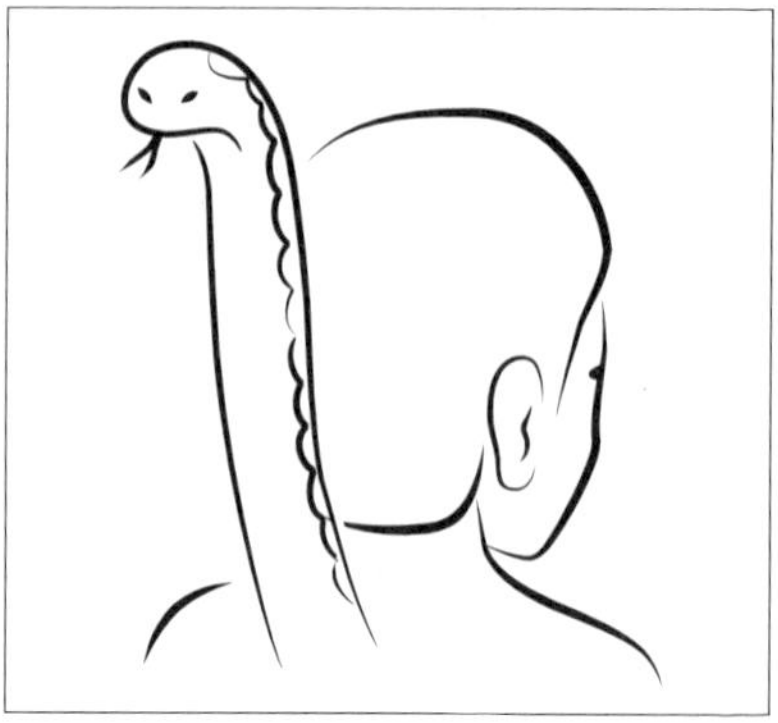

夢に現れた、若い尼僧の後ろ姿と、白蛇。白蛇はこちらを見つめて何かを伝えようとしているのだが、読み取れない。

しかし、山頂（海抜一九八九メートル）に近づくと、頭の痛さがとれて元気になりました。あの頭の痛さは、何だったのか……。何とも言葉で表現しにくいことでした。

このころ、様々な霊夢を見ました。これも七面山のことなのですが、前にも記したとおり霊山なので、お山全体が修業する人々で大きな山になり、そこに一つの道が開き、誰かに引っぱられながら登ってゆくと山の上に池がありました。

そこには龍神が住んでいて、よく来たなあと言われ、この紙面では書けませんが色々な事を話してくれたのです。

七面山の霊夢。修行する人々で大きな山になり、そこに一つの道が開き、登ってゆくと、山頂の池の龍に出会った。

仏の世界から神の世界へ

こうして大運天中殺の前期の十年は、修業と勉強と占いの実占とで自分なりに実力を積んだのです。例えば、宝くじを吉方で買ってみても当らなかったし、巷には色々な説があるので実験するために今度は凶方の売場で買って来ても当らない、やはり時の運とその人の財の器なのかなと思ったりしたものです。五黄殺をついて買ったこともありましたが、当たってもやはり少額でした。このころは吉方取りもよくしたものです。

その後もいろいろな宗教団体を体験して歩きましたが、これといって納得できるものもなく、日本古来の古神道の団体に入ってみました。

ここで神業の教えを受けたのですが、団体はどこもやり方が同じですし、仏業でも神業でも組織にいることが大変で、自分の求めているものとは少し違うかなと思い、一人で修業を始めることにしたのです。

大運天中殺の喜神に支配され、自分の持つ宿命の器より何倍ものエネルギーで精神世界にぐんぐん引かれていき、手の中に金粉が現れたり空中に金粉が舞う日々が続き、仏の世界から神の世界へと進んでいきます。

さまざまな神社での不思議な体験

このころから、方位を取りながら神社参拝が続くようになります。

まず、年月日を重ねての吉方ということで、西の出雲大社（島根県簸川郡大社町・

主祭神大国主大神）を参拝します。

二泊三日の計画でした。まだ二月の後半で寒い日でしたが、一日目の宿だけ取って二日目は現地で取ればよいということにしていました。友人と車に乗り、運転は夫がしました。

遠い距離なので琵琶湖の近くで宿を取ろうと二人は言うのですが、神様に聞くと玉造温泉に夕方の六時には着くと言うのです。夫は無理だとブツブツ言っていましたが、結局玉造温泉を一日目の宿としました。吉方で行くという、神様の示されたとおりに実行したら東名高速は大混雑でしたが、米子までの新しい道ができていて、本当にちょうど六時に宿に入ることができ、神に感謝しました。

私には、出雲大社の大国主大神の守りと私の守護神の守りがあり、吉方取りの祐気パワーのお陰もあって、翌日出雲大社に参拝した時にはそのパワーの強さに驚きました。何かあたたかさを感じる強力なパワーです。

しっかり吉方の祐気を頂き、周りの観光をして、帰りは道を変えて「夢千代日記」で有名な山の中の温泉郷にたどりつきました。どのホテルでも空きがないと言われたのですが、ある大きなホテルで一室だけ空いていると言うのです。

四人ですから小部屋では困るなーと思っていたのに、大きな部屋でそこに新婚さんがいたのを小部屋に替わってもらったと女中さんが言われて感謝しました。

それがまた不思議なのです。その部屋の障子を開けると、裏側には大きな岩があり、目の前に不動明王が祀られていて、まるで私達が来るのを待っていてくれたのかと、手を合せました。突然の宿泊なのに料理は美味しかったし、良い温泉で嬉しい思いをしました。

そこから三重県の伊勢神宮を参拝し、そこでは清々しいパワーをたくさん頂きました。そして後に、主祭神・天照坐皇大御神との強いご縁を現わされるようになるのです。

この頃は夢中で様々な神社を参拝して廻りました。

奈良の大神《おおみわ》神社は、主祭神は大物主大神、配祀は大己貴神・少彦名神、御神体は三輪山で、大物主大神は蛇身と言われています。三輪山は、酒の神とも崇められており、私が参拝した時には大神神社の神主さんに体全体に香をかけてもらい、袈裟を首からかけて御神体のお山に入山しました。

高さは四六七メートルなのでそう高くはないのですが、その時は山全体が酒の匂いでおおわれ、不思議な空間に入ったように感じました。なぜか頂上まで上りきれなくて途中で引き返してきました。もう一度行ってみたいと思う神社です。

そこから天理市布留町にある石上《いそのかみ》神宮に参拝しました。祭神は布都御魂大神、御神体は神剣です。

石上神宮の十種瑞宝を以ちて一二三四五六七八九十と唱へ布留部由良由良と布留部と唱えれば死人も生き返るといわれ、この瑞宝とは、奥津鏡・辺津鏡・八握剣・生玉・足玉・死反玉・道反玉・蛇比礼・蜂比礼・品品物比礼の十種を布留御魂神と尊み敬まうと災害や諸々の病疾を除け祓い寿命長く栄えて安泰の魂鎮めなのです。

小鎮魂秘言の、

あーちーめーおーおーおー　おーおーおー　おーおーおー

いそのかみふるのやしろのたちもがとねがうそのこにそのたてまつる

みたまものおりすがかみはよせて

を唱えれば魂が鎮まり、平穏無事なのです。

参拝が終わり、天理市のはずれの角で友人と二人で確か酒屋さんだったと思いましたがタクシーを呼んでもらい待っている時のことです。

天上を見よ、と呼ばれた気がして空を見ると、天女が飛んでいました。まるで絵で見たような姿で、一瞬でしたが手を振ってくれたのです。目の錯覚かなー、と何度も思ったのですが……。

そのうちタクシーが来て乗った時、座席の前の背袋にパンフレットのようなものが貼ってあり、そこには、むかし天女が降りた云々と書いてありました。やはり確かなことなんだと確信しました。

安房神社で出会った天女

天女といえば、もう一ヶ所あるのです。

千葉県の南房総の白浜の近くに位置する安房神社、主祭神は天太玉命・天富命です。はるか二千六百六十年以上昔、四国は阿波国の忌部氏を率いて天富命が海路黒潮に乗って東国を目差し上陸されたところが安房の国で、祖先神の天太玉命を祀られたとあり、産業振興に力を注がれ四国の阿波より持ってきた麻・稲などの繁殖に成功して日本発展に大いに貢献とあります。私が人から聞いて行ってみたいと思ったのは、主祭神の天太玉命神のお名前に玉がついているのは魂の玉のことで、また占いの神とも聞きましたので参拝したのですが、この神社も参道が長く広大な敷地です。

鳥居をくぐると、どこからともなくカラスが松の木に飛んできて、ガラゴロと話しかけてきます。そのまま木づたいに、ずっとついてきます。何か語りかけてくるのですが、聞きとることはできません。

参拝をすませて池の廻りを過ぎた頃、やはり、天を見よという声が聞こえて空を見ると天女の姿があり、絵にあるように美しい舞い姿だったのです。

ある時、安房神社に参拝して感じた事ですが、鳥居をくぐってから社殿までの参道で、天からの不思議なパワーを感じるのです。ちょうど天女の舞い姿が見えた空間です。その時は、空間にキラキラ金粉が舞っていました。

千葉県長生郡一宮町一宮三〇四八に鎮座されております上総国一宮玉前神社。ご祭神は玉依姫命、縁結び・子授け・出産・養育。

玉前神社

この神社も吉方取りを兼ねて参拝した神社です。何度か参拝しているうちに、ある時玉前神社を参拝してから安房神社に廻り参拝しようと思ったのですが、玉前神社で参拝していたら、大きな酒樽を顕現され、その後に「祭り」と示され、安房神社には行けないと×印《バツ》を示されました。

一緒に参拝した人たちに、安房神社参拝は今日は無理と言われるのだけど……と言ったのですが、せっかく来たのだから行こうということで海岸沿いを走らせたのですが、行く先々で祭りのため交通がストップして廻り道をすることになり、結局たどりついた時は夕方の六時でした。

一応鳥居までは行き、そこで合掌してその

日は帰ってきましたが、玉依姫命様が御神示された通りで神示の偉大さに感心いたしました。神々とのパイプを太く持てることに感謝するばかりです。

東国・千葉の一宮参拝

こうして、大運天中殺に入った前半の十年は、神々の鎮まりまします一宮の参拝を続けたのです。

香取神宮の御祭神経津主《ふつぬし》大神、鹿島神宮の御祭神武甕槌《たけみかづち》大神、そして息栖神社の御祭神　岐神《くなどのかみ》は東国三社と言われています。

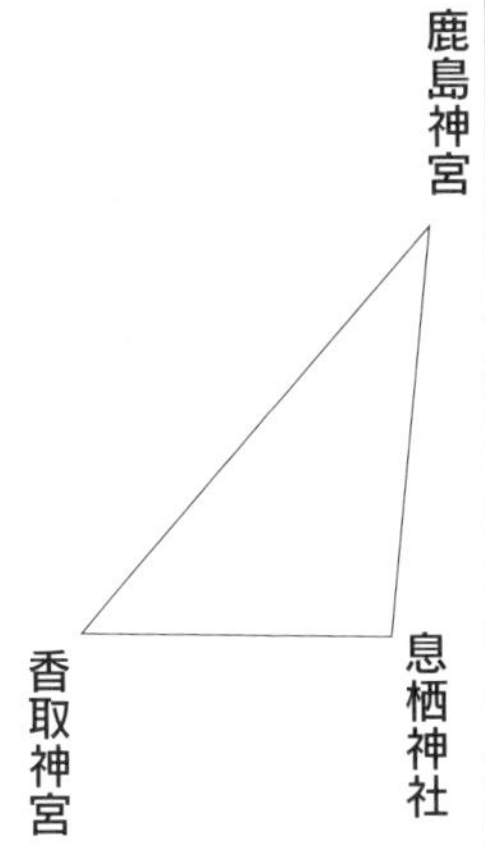

東国三社の位置関係。
三角形を形成している。

この東国三社を一緒に参拝すれば、ピラミッドパワーの恩恵を受けると何かの本を読んだ記憶があり、二年間月参りをいたしました。

香取神宮の御祭神経津主大神と鹿島神宮の御祭神武甕槌大神の二神は、天照大神

鹿島神宮

香取神宮

息栖神社

（伊勢神宮の内宮の御祭神）と出雲国の大国主神との国譲りの時に活躍され、国家鎮護を果された神として必勝祈願・家内安全・海上守護・交通安全・身上安全・商売繁盛・厄除の願いが叶う大神様です。

息栖神社の岐神は香取・鹿島の二神が東国を開拓される際に道案内に立たれた神様です。今は香取・鹿島神宮と並ぶと宮も小さな建物ですが、以前火災に遭い、建物を焼失したと案内に書いてあり、かつては立派な宮だったそうです。

鳥居の前の河岸に水中に鳥居があり、男瓶、女瓶と呼ばれる石瓶から霊水が湧いています。私には、参拝の折、龍神様のお姿を示されましたが……。

二年間、東国三社のピラミッドパワーを得るため参拝した時、香取、鹿島の御祭神より「国を守れ」との御神示と神玉を授かりました。

まずは一宮の参拝がとても大切なのです。住む人々が祈らなければ現実となって示しません。祈りの中から神のメッセージが読み取れるようになるのです。逆に、邪悪な心を持つとメッセージが受け取れないのです。

読者の方々も、一度この東国三社のピラミッドパワーを吉方取りに参拝されてみてください。何か感ずるものがあるはずです。

次は、千葉神社です。千葉市中央区院内一―十六―一に鎮座されています。御祭神は宇宙を司る天之御中主大神です。

古くは北斗山金剛授寺から妙見寺と改称され、その後明治期の神仏分離令によって神社となり現在に至っています。

日蓮宗では妙見大菩薩を信仰の対象にしています。全宇宙の北天に位置し北辰（北極星や北斗七星）を神と具現化されたものです。

人間の寿命を司ども神として、占いを職業とする人は、特に妙見大菩薩の守護が必要とよく小峰先生に宿曜の勉強を教えて頂いている時言われていたので私も崇敬の念を厚くしています。毎年八月十六日から七日間の妙見大祭が行われ、氏子や信者で大変な賑わいです。

三嶋大社で授かった神歌

次も吉方取りをしてからのご縁の神様です。静岡県三島市大宮町二―一―五に鎮座される三嶋大社で、御祭神は、大山祇命・事代主命です。

境内には御神木の銀木犀の大きな木があり、花の咲く頃には、香りが一段と神々しく甘い香りがします。

大山祇神は山の神、山林農産・国土開発・経営の神様とあり、事代主神は、恵比寿神として商工漁業・福徳円満の神で大きな鯛の魚をかかえてつり竿を持たれていらっしゃる絵が有名です。

何回か参拝しているうちに、ある時本来の目的の三嶋大社参拝を予定変更して最後にしたのです。これぞ神は見ているのです。吉方なのに罰は覿面で、高速を下りて県道に入った時、車の制限速度が四〇キロのところで五五キロ位出していたら、すぐスピードで止められ罰金となりました。目的変更が仇となり、神様はしっかり罰を下さいました。

このように、吉方であっても神様の意志に叛くと罰がすぐに下りるのです。

それから時が過ぎた秋の十月頃、大山祇神なのか事代主神なのか、三嶋大社の神に呼ばれました。何かに憑れたように東京駅から新幹線で三嶋駅に着き、駅から一キロほど歩いて大社の鳥居をくぐり、境内の参道を歩き神門を通って、舞殿の後方の社殿の前でたたずむと、神霊より、次のような歌を頂きました。

こがねさく
秋の三嶋は
花ざかり

神々しい秋の実りとあわせて、こがねに事代主神の商売繁盛と福徳円満・稲穂の豊作を表現されたのでしょうか。また、花ざかりは、大いに盛んの意味なのでしょうか。心がとても満たされた思いでした。今も時々参拝しますが、偶然なのか、なぜかいつも祭りの時が多いのです。

門を出てすぐ近くに富士山からの湧き水があって水神が祭られています。その脇には蛇口があり、お水をボトルを汲んでいる人もいました。甘露の美味しいお水でした。

白山での女神との出会い

神々に対して、氏子や信者達が祭りと祈りのパワーを捧げてこそ、神々が守護でき、力を発揮できるのです。神々も、祈れや祈れ、参れや参れと申されます。

石川県石川郡鶴来町三宮町に鎮座されています白山比咩神社。御祭神は菊理媛大神、霊峰白山の御神体として奉斎されたことに始まるとあります。

奥宮は白山の山頂にあり、霊引力の強い神様です。

この菊理媛神にも何回も呼ばれて何回も参拝しています。その都度、学ぶ事がたくさんありました。

白山の奥宮にも一度登りたいと思い、ある夏の七月の末頃に向かいました。ちょうど台風の過ぎた後だったので、登山口には山頂より雨水がたくさん流れ下っていました。しかし足場は悪いながらも雨に遭わずに山頂まで登ることができ、奥宮参拝が叶いました。

その登山の途中に、不思議な光景を見たのです。仲間の人たちは、登山に慣れていないので上ってくるのが遅くなっていましたが、私はとても足が軽く仲間より先に先に歩いていました。

天候が次第に雨模様になりそうなので奥宮に着くまで雨よ降らないで、と神に祈り山頂に近づいた頃、谷と谷の間に霧が一瞬のうちに湧き出て、何とも神秘的な世界に一変したのです。その時、私の上にも下にも人の姿が見えなくなり、白い象に乗った、インドの女神のような姿の女神が現れ、幻想の世界を見たのです。

白山比咩神社の菊理媛神なのか、白山を守る他の女神なのか、とても美しいりっぱな白象に乗った女神様でした。

白山神社（上下とも）

スーッと霧が引き、下から仲間の人たちも登って来て山小屋にようやくたどりついたとたん、滝のような大雨が降りだしました。皆が濡れないでたどり着いたことを女神に感謝しました。

帰りは順調に雨にも遭わずに下山し、今ではよい思い出となっています。

伊勢神宮で授かった使命

伊勢神宮にも何回も参拝しました。何回目かの参拝の時、不思議なビジョンを映されたのです。

黄金の光を放つ大きな一つ目が現れました。その目は、龍体とも蛇体ともいえる姿を持っていました。そして、その目の中にまた顔があり、その顔の二つの目が語りかけてくるのです。

宇宙全体の気を司る神は、天照坐皇御神様、映されたものは、宇宙全体を支配する神、すなわち数字では「八」で表され、気学盤でも中心を取り巻く八方位が宇宙全体を意味しますので、八は無限であり末広がりの吉数なのです。

伊勢神宮で見せられたビジョン。
龍体を持つ大きな一つ目から、眩しい黄金の光を放ってきた（左）。光がやんでからよく見ると、一つ目の中にまた顔があり、その顔の目が「しっかり守れ」と語りかけてきた（右下）。

4	9	2
3	5	7
8	1	6

気学における定位盤でも、中心を
取り巻く八方位が宇宙全体を表す。

黄金に光を放つ一つ目の中の顔は、目の威力で、「しっかり守れ」と言われ、私は不動剣を授かったのです。

私の生れ育った芋川神社の御祭神も天照皇大神ですし、東京大塚の天祖神社で参拝しましたら、「守れ」の言葉と一緒に不動剣を授かりました。御祭神はやはり天照皇大神様です。日本各地に分霊として鎮まっていらっしゃるのです。

このころ色々と精神世界のご縁で知り合った人から、まるで同じ事を言っている先生が山形市で宗教法人の会を組織させているよ、と教えられ、その人は何回か山形に伺っていたので一度連れて行ってもらいました。やはり私と同じように、「国を守れ」「宇宙を守れ」「一ノ宮の参拝をせよ」との啓示を受けて、宇宙と交信をしている、昭和二十七年三碧辰年生れの女性の先生がいらっしゃることがわかったのです。

私は六白生れの辰年です。そして、もう一人きっとどこかに九紫火星の辰年生れの女性が同じ啓示をうけているのではないかと思ったものです。それは、九―六―三と、辰年生れの三人が合体しピラミッドを形成した時、何か宇宙支配の神からのメッセージが伝えられるのかもしれない、と思ったからなのです。

天照皇大神から授かった不動剣、地球を表すラピスラズリ、人の魂を表す水晶。

出羽三山神社

月山神社・御祭神月読命
出羽神社・御祭神伊代波神
湯殿山神社・御祭神大山祇命

特に湯殿山神社には、よく参拝しました。

鉄分を含んだ粘土状の土で湯殿山の名のように湯が湧いて出ています。

参拝する周りは、湯がジクジク出ているので地熱があり、蛇の青大将が沢山いるのです。湯に足をつけているとピンク色になるほど、暖まります。

何回か参拝して出羽神社からの帰り、修業のために食べられなくて亡くなられた霊体にとりつかれてしまい、食物を食べても食べても満腹感がなく、餓鬼霊の凄ましさを体験しました。


仕事の占いは、池袋のパルコで続けていまして、様々な方々との出会いがあり、心の修業をさせて頂きました。修業とは、山にこもることばかりでなく町の中にいても修業なのです。この世とあの世は紙一重、時々異様なものも見ることがあります。人間と同じように町中を歩いているのです。

霊峰富士での出会い

一度は、霊峰富士山に登ってみたいと思っていましたが、年齢が加算されて肉体的にどうかなと思っていましたが、友人に誘われて、思いきって日本一の山に登ってこようと決心しました。七月の終り、旅行会社のツアーに入って行くことに決めて、妙見尊王（北辰の神・天御中主大神）を祭神とする寿命を司る千葉神社でお祓いをしてもらうことにしました。無事登山ができ帰ってこられますようにと願いをかけてのお祓いでした。

その時の状態は、易でいう☲（離）の作用を示されたのです。これは、太陽を意味する易学の記号です。若い夫婦二組と私の五人のお祓いでしたが、若夫婦・私・若夫婦の組み合わせで、願いはそれぞれ違ってもその場は☲（離）の作用で太陽がさんさんと輝き晴れる象です。私はこれを「太陽が輝やく＝天気は晴れ」とみたのです。

出発当日は、朝早くでしたが、穏やかな晴れの日、山梨の浅間神社に参拝したら午前中の十時でしたが神社で飼われていた烏骨鶏《うこっけい》の雄鶏が時を告げて鳴いたのです。

これは無事に登ってこられる証かなと思いました。

五合までバスで行き、そこから歩くのです。六合目から上は草木もなく火山灰の山、身支度も整えてきたつもりですが、息絶え絶えの苦しい登山になりました。

山頂の奥宮にお酒を上げようと、ワンカップですがお酒を持って、方位で見れば三碧の方位でした。途中何回も引き返そうと思ったけれど、折角のチャンスを頑張れと自分に言い聞かせ、若い男女のカップルに助けられながら、何とか八合目の宿に夕方の六時頃に入ることができました。

カレーの夕食を頂き、二段ベッドの狭いところにゴロ寝をしていると、「外に出て見よ」との声が耳元であり、トイレを兼ねて外に出てみたら夜空は満天の星と大きな月がまるですぐ頭の上に満月のように出ていました。

下界を見ると自分が天女にでもなったかと思うほどすばらしく、遠くの町々の灯りが宝石のように輝いて見え、こんなすばらしい景色は二度と見れないと思ったほどです。夜空には雲一つなく、青い空に星や大きな月が輝やく様は、すばらしいものです。

それからウトウトと眠り、夜二十四時に八合目の宿を後に、月明かりを頼りに登って行くのですが、「胸突き八丁」の言葉のとおり、とてもきついものでした。

何度も休みながら、もう頂上まで行けなくても仕方ないなーと思っていたら、バスで一緒だった若いカップルの男の人が、頑張って行きましょうと自分の荷物があるのに私の荷物も持って山頂まで上ってくれまして、人の情けに感謝いたしました。まさに三碧（気学でいう若さ・若者などの意味があります）の方位で、若者の象でした。九合目でお不動様に祈り、ようやく霊峰富士山に登山できたのです。

ご来光のすばらしさは、一口では表現できないくらいです。

山頂は寒く震えるほどですが、ご来光が昇ってくると、太陽の光の暖かさが、じりじりと伝わってくるのです。

太陽の輝きの中にハートの光の線が浮かび、白龍が現れ、千葉神社のお祓いの時の易でいう☲（離）太陽を意味しています。浅間神社の烏骨鶏の刻を告げる鳴声が走馬灯のように頭を駆け過ぎ、後々顕現される神仙の導きに感謝しました。

富士山頂より観たご来光

山頂には二時間位いてすぐ下山しました。上る時は大変でしたが、下るのも火山灰なのでヒザがガクガク笑い、もっと大変だったように記憶しています。友人は足首を痛め、馬の背に乗せてもらい五合目まで少しの距離なのに歩けませんでした。

霊峰富士山に登れた体験は、すばらしい体験でした。風や雨の害を受けずに登山できたことが何よりの導きでした。

一緒に登った方々の中には、以前八合目まで登って雨や風が強くて引き返したと話されていた人もいて、一回で無事登山できたことが何よりも嬉しく、良い体験をさせていただいたと思っています。

神仙、全貌を現される

大運天中殺に入って、仏の世界・神の世界を一緒に先導して修業の世界を共に歩み、いろいろ体験させて実務を伴わせ、一通りの事が成せられた時、それは一九九二年一月八日正午のことでした。

一九九二年は、九星の暦では八白土星壬申の年ですが、二月三日までは前年度の辛未九紫火星の年とします。

その日（一月八日）は、池袋のパルコの仕事の日でした。修業をしている時から、いつも一緒の誰かの存在を感じてはいたのですが、他にも時々霊的なものを見ていたので、さほど気にしていませんでした。仕事場について机を整え、席に着いてホッとした時、突然顔だけを現わされたのです。自分の目を疑いましたが、そのお顔は、以前にもどこにいてもホッとした時、車の中でも旅行先の宿でも顔だけ顕現されていた、見たことのあるお顔でした。

いつもニコニコした笑顔だったため本当の目がわからなかったのですが、この時は全姿を顕現されていました。神仙特有の杖を持ち、真顔になられて瞳で物を言う、そんな感じで、私は何かに憑かれたようにその瞳から目をそらすこともできない状態でした。私の顔に近づき、目から私の体に入られ、私の心臓がコットンと音がして、やっと我にかえったのです。

神仙の姿で杖を持ち、目は金色、瞳は黒で車輪眼のようにも見えました。

一方、二、三年前から様々な型のロウソクが現され、その姿に龍の顔が示されたりしていました。

国を守れ、宇宙を守れとの指示と、祈れ祈れとの指示があり、毎日、一時間からの祈りを奉じ、ますます一の宮参拝をすることになったのです。

神々は、人間の目に見えずとも、しっかりと見ているし、祈りの中にこそパワーがみなぎり通じるようになり、神に願いが届くのです。

また、ロウソクに顕現していますが、私を影のように守ってくれる三人の童子がいます。天童子・人童子・地童子です。

天童子と地童子は姿をはっきり見せず、幻のようになっていますが、人童子は時お

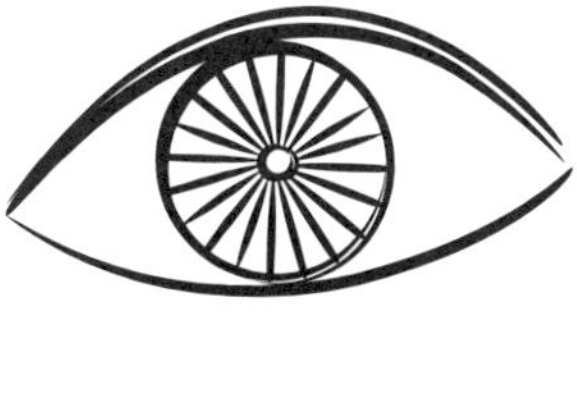

上：1992年1月8日、
全身を現された神仙。
いつもは笑顔だった。

左：見開かれた神仙の目。
目は金色、瞳は黒で
車輪眼のようにも見えた。

り姿を見せてくれます。子供のような背格好で、おでこは出ていて目が鋭く大きいのです。

仕事にも速度があり依頼事を叶えてくれます。いつもそばにいて私が気がつかずにいると、ラップ音をさせ存在感を知らせます。

祈りの行を始めると、私の後にひょっこんと座しています。

八日は仏の世界では大日如来様のご縁日、神の世界でも伊勢神宮に鎮座されている天照座皇大神様も太陽神で日本全国の産土神社のご祭神で宇宙を司さどる神、本体は龍体と聞いた事があります。

私に見せられたビジョンの中でもそうでした。

八の数字は、宇宙のマンダラであり、言葉では八方塞がりとか、八方破れとか、気学などでも中心から宇宙が八方に広がっています。宇宙＝無限・末広がりなど仏界でも八大龍王とか八大童子など、表現として八の数字で表現されています。そして、私に降臨されている神仙は、大宇宙を司る八大龍王なのです。

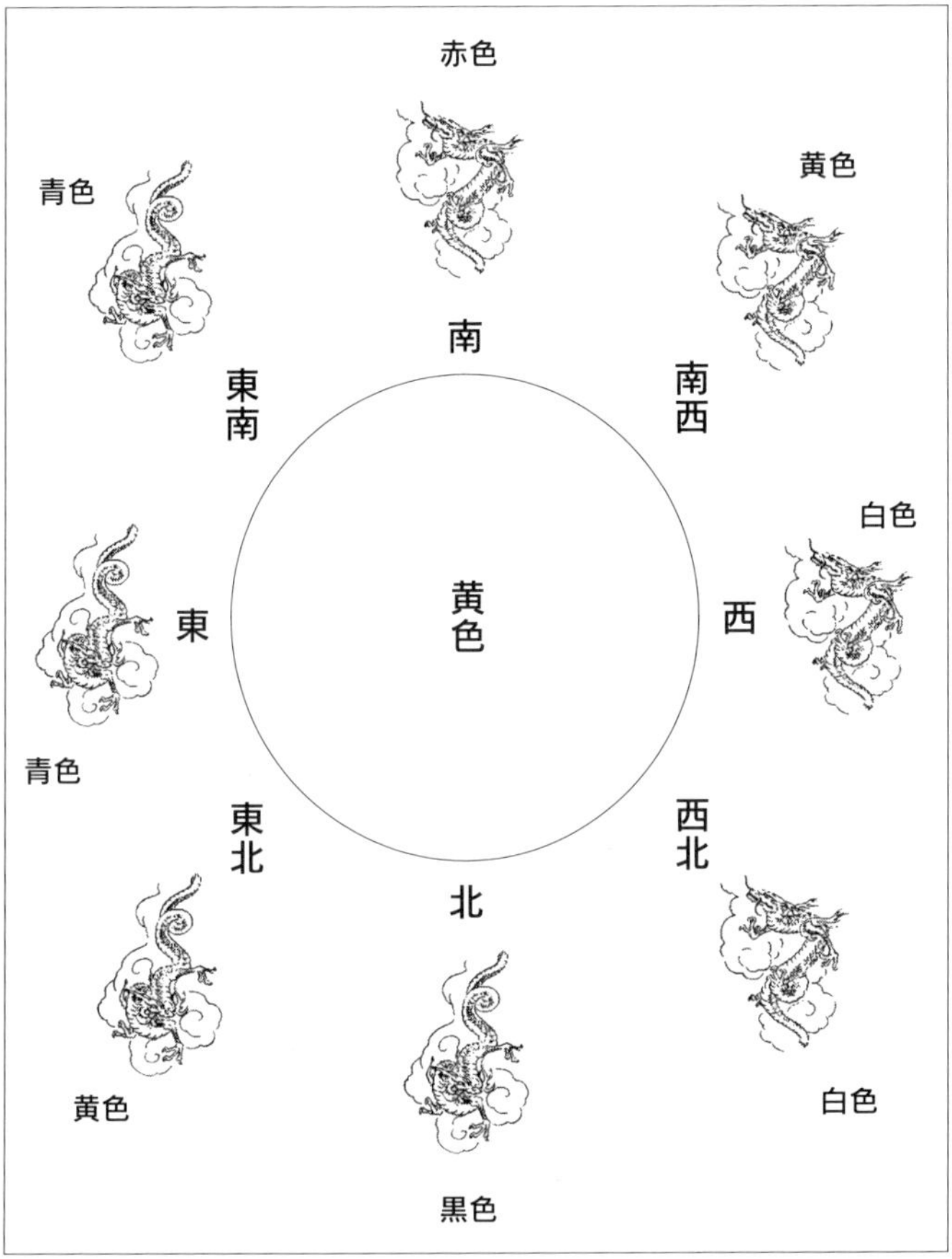

「八」の数字について見せられたビジョン。各方角にそれぞれの色の龍がいる。
八は宇宙のマンダラであり、著者に降臨されている神仙は八大龍王である。

神仙は示されます。「天が選びし者よ、お役目は一代限りのものぞ」と。また、「とかく人間は目に映る姿形で物事を判断するが、地味でよい、確実性があればよい」とも言われます。

今も占いやお祓いを業としていますが、神仙から教えていただくのは、（ここでは詳しく書けませんが）神事・仏事の両方のやりかたです。

あまり難しい儀式は必要とせず、その都度、対処の仕方が難しい場合は、祈りの中で映像で映され、供物の指示があり、やり方が示されて、その通りにすれば依頼事が収まっていきます。

人間には一人ひとり生まれ持った器があり、器が小さいのに欲を出して詰め込むと破壊され、肉体が滅びていくのです。

睡眠不足と過労は助けられない、と申します。自分をよく知り無理のないことが、一番生きやすいことなのです。

ロウソクが色々な型になるのは祈りの時、炎が大きくなったり小さくなったり風がないのにボウボウと炎が強くなり宇宙の気のかかりかたでロウソクが形を作り、メッセージを伝えてくるのです。

一番悟しにくいのは生霊です。生霊の怨念の強さは、ロウソクを真二つに割り、燃える炎の芯が半分にプッツリと切れ、一気にロウソクを溶かしていきます。それほどに怨念のすさまじさは何よりも強いのです。悟すのも大変です。人に怨まれるようなことは、したくないものです。

思い出に残る皇室のお二方

長い間の占い生活の中で何が心に残ったかといいますと、その頃パルコの鑑定所に今は皇室に嫁がれていらっしゃる紀子様が鑑定に来られたことです。

確か九月頃だったと思いますが、紺色に白の水玉模様のワンピースで、結婚についてのご相談でした。色が白く品のある美しい人だなーと思ったものです。

ご結婚の発表があった時は、びっくりしました。数あるご相談の人々の中でも、とても印象に残っていましたので驚いた次第です。今はお幸せそうでお子様たちも健やかで嬉しい限りです。

もうお一人、紀子様が嫁がれて数年してから、やはり池袋のパルコの鑑定所に、十二月に入ってすぐだったと思いますが、今は皇太子妃の雅子様が妹の節子さんと鑑定に来られたのです。やはり結婚の事についてでした。

相性はとてもよくすばらしい相性なのですが、後天運の中年の運勢は波乱になりやすい運が入り、愛子様がお生れになって親子関係の運……。元気をとりもどし頑張って頂きたいものです。

あの当時、発表は翌年に週刊誌を飾りました。

週刊誌には鑑定に来られた時着て来られた少し短かめの茶系のコートの写真も写っていました。お勤め先・名前を鑑定票にしっかり記入されたのもよく記憶しています。

都内に何百人と占い師がいる中で、わざわざ私を選んで来られたことに不思議を感じました。前世からの霊的宿縁とでも言うのでしょうか。

二〇〇〇年代に時代は進んで、女性の時代が来ています。皇室も皇太子様と雅子様が結婚されて八年目に愛子様がお生まれになり、これからの日本の皇室は女性が活躍する時代に入り、女帝誕生も時代が選んだ自然のなりゆきでしょう。

八年目に誕生されたこの「八」という数字に意味が含められています。「末広がり」の意味もあり、八方を照らす宇宙や皇室の支配神・天照皇大神の分霊なのではないかと私は思います。お名前も愛子様と名付けられ、日の本・日本が世界の中心になり、女帝の愛ある照り輝きを象徴しているように思われます。

世の中を見てください。世界のあちこちに女性の大統領が選ばれていますし、日本でも政治の世界にかかわらず女性が第一線で活躍されています。

二十一世紀は、女性の時代です。きっと愛子様が皇室の支配神・天照皇大神様の守護のもと、日本の象徴となられることを祈ります。

日本の国は皇室の存在が大切、と天照坐皇大神様は力説されます。皇室の存在があっての日本ということです。今の若い世代や教育にかかわる人達が国旗の掲示を拒む様子をテレビのニュースなどでも見ることがありますが、とんでもないことです。皇室あっての日本国なのです。そのため天照坐皇大神の分霊が日本全国の産土神社に鎮座されているのです。

全国にいろいろな宗教団体がありますが、神の国日本、この地に生まれ生身の肉体を授かりしことに喜びを感じていただきたいものです。

印旛姫との出会い

パルコでの占いもかれこれ二十年弱になり、神仙も降臨されて私自身のお役目がより自由にできる時間が必要となったので、一九九五年に池袋のパルコの占いの場を去り、千葉県の佐倉市にある場所に事務所（運命館ピムカ）を開きました。

ここは、前にも記したとおり、以前は貸店舗をしていたのですが、空いたので事務所にしたのです。

この場所はローンの支払いが大変で何回も売りに出そうかと思いながらも何とか持ちこたえてきた場所です。大きなネコが完成の時にどこからとなく魚を持ってきてくれたところなので、何かに守られていた場所なのかもしれません。

ここに事務所を開いて間もなくのことでした。十二単《じゅうにひとえ》を着た美しい姫が立たれ、大きな黒目に涙をいっぱいためて祈ってくれと言うのです。

どこの姫様かとたずねても、祈ってくれと言うばかりでした。近くに臼井城の跡があるので、臼井城の姫様かと思っていたのですが、近所の人に聞いてみると、近くに印旛姫の宮という小さな宮があるというのです。

行ってみると辺りは荒れ放題で、あまり参拝する人もないらしく、淋しそうでした。月参りをして、姫の宮を酒と塩で清め、近所の人々にも参拝して下さいと申しました。

その後、春のお彼岸が近づくと武士の首十数体を連れて来て、祈ってくれと立たれるのです。この近くには首塚があったり、戦場の跡地で、供養されていない霊体が沢山迷っていられる場所でした。姫の宮の近くの土地も清められていないので、ガンで亡くなる人や、腹を手術で切る人など、付近に住む人たちにも現象が出ていました。

この印旛姫の宮を参拝するようになったら、何度も姿を見せて祈ってくれと言われたのが姿を見せなくなりました。と同時に、七月に毎年行われる印旛沼の花火大会で毎年雨が降っていたのに雨が降らなくなったのです。

この宮の歴史的な事は書物にも残っていないそうで、はっきりとは何とも申し上げられませんが、私には、十二単の目の大きな美しい姫様のお姿を見せてもらったこともあり、印旛沼と深いかかわりのある宮ではないかと思われます。

何年かの間、月参りを重ねて宮を清めているうちに、宮の祠《ほこら》のある場所は、土地の持ち主が不動産屋に売って分譲地に変わり、宮の位置も分譲地より一段下の場所に移され、今まで東向きだった宮が北向きに設置されました。

私としては、ちょっと残念に思っていますが、今も毎月参拝して清めています。

姫の宮は、祠の前に大きな男根と思われる置石が祭られていますので、色々な意味で繁栄の印を示されているのではないかと思われます。

このごろは、お彼岸近くになっても霊的な騒ぎも静まっています。印旛姫様もようやく鎮まられたかと安心していますが……姿が現れなくなりました。

印旛沼の龍神にも何回も呼ばれ、卵と酒を持って祈って来ました。

ここ印旛沼は、治水工事がきちんと整備され、大雨があっても水の害もなく住むにはとても良い所です。

京成線の臼井駅を南口に降りると駅前ロータリーがあり、スーパージャスコがあります。その隣りに公園が広がってその一角に市民音楽ホールがありますが、その道に沿って、小さな祠の御伊勢明神が鎮座されています。

御祭神は、天照皇大神様です。私は不動剣を頂いていますので、何かの宿縁なのか、行くところどころに天照皇大神様の存在が顕現されます。

もっともっと地域の皆様が気を持って参拝して下されば、神の力が増大され活気づくのにと思いながら、いつも月参りをしています。ある月の一日、参拝に酒と塩を持っていったら、神明社が若者が夜集っていたのか、タバコの吸い殻や飲み物のカンやゴミが散らばっていました。神域がこんなに荒されて情けなく思いゴミをかき集め、きれいにして塩で清めてきましたら神様はちゃんと見ていて下さり、その日は一日とても仕事が充実し利益を生んだのです。

縁とカルマについて

占いを通して多くの人々の人生の縮図を見てきましたが、人それぞれの魂は、前世からの縁があり、それが仏縁であったり、宿縁であったりします。これも業のとりもつ技なのでしょうか。

輪廻転生されて、魂が磨かれて清められた時に、天上に昇るのかもしれません。

夫婦や親子関係も、しっかりカルマ（業）に支配されているのです。どんなに好きな相手でも、縁がなければ夫婦になることもできません。この世では、外国に生れたり遠い距離間であっても前世やその前の前世などの縁が深いと出会いがあり、結婚に結びついていきます。

人の宿命の中に配偶者の星が現れていない場合がありますと、その人は男女共、縁遠くなったり、本人が配偶者を必要としなかったり、または出会いがあって結婚しても前世からの業で敵のカルマであったりと、ピッタリ相性のよい配偶者にめぐり合うのは、なかなか人は沢山いるのに、むずかしいのです。

親子関係もしかりで、子を持たなければ長生きできたのにその子の宿命で親の場所が消されたりしていると、夫婦だけの場合は仲良しで円満だったのにその子の宿命の運が動きだし男の子は父親に女の子は母親にいろいろと体調が悪くなったり短命の型が現れてきます。

そこから不思議と夫婦関係も悪くなり健康であれば夫婦の離の作用が動きはじめたり単身赴任することが長年続いたりという現象があります。

子供の縁のうすい人、または宿命に子供の星がよく出ていない人は、人工授精をしたりして自然の型に逆らうと人生が少しずつ狂うのかもしれません。つまり、親子関係の感情のもつれが発生したり、思わぬ事故を引きおこしてしまうということです。すべて宿命通りの自然体が本来は楽な生き方なのだけれど、本人は、ないものねだりと不満が出て無理な状態を求めるのでしょう。

住む部屋も汚れ、物を多く溜めたり整理整頓ができていないと、自然とその場所の気の流れが悪くなり、不浄なものが集まり運を悪くしています。

整理整頓や流し台・お風呂などの流れを良くして住めば、仕事も順調、対人関係なども良い気の流れとなり、運気の向上に繋がるのです。

不浄な場所には悪霊が集まり、気力を取られ、負の状態にしていくのです。

神仙から名前を授かる

一九九二年（平成四年）一月八日正午に神仙の全貌を現され、それからも色々な体験をさせてもらいながら十年過ぎた二〇〇二年（平成十四年）一月八日早朝、毎朝のように祈りの時を三十分～一時間かけるのですがその時すばらしいビジョンを見せてもらい、「光満慈師」という字が示されました。

これは、神仙と一体の私に十年過ぎてその様を見てこられた神から、この名を名乗れとのメッセージをいただいた、ということです。

ちょうど十年前の八白土星の年（一月八日は前年度で見ますから九紫火星の年になります）について、不思議に思い色々調べてみましたら、高王白衣観音経・観音菩薩示現日辰凡持齋誦念《ぼんじざいじゅねん》者福徳無量に「一月八日　南無華嚴衆《けごんしゅ》意《い》甘露《かんろ》苦王観世音菩薩」と書いてありました。

二月七日　南無七寶林《しっぽうりん》中一十八面観世音菩薩
二月九日　南無光藏法王白衣妙徳観世音菩薩
二月十九日　南無大慈悲苦難靈咸《りんかん》観世音菩薩
三月三日　南無唐西來僧伽大《とうさいらいそうきやだい》聖観世音菩薩
三月六日　南無清浄海衆山月面吉祥観世音菩薩
三月十三日　南無天香山妙香観世音菩薩
四月二十三日　南無廣月宮中千手千眼観世音菩薩
五月三日　南無天笠藏王慶信観世音菩薩

五月十七日　南無晶日宮中八難観世音菩薩
六月十六日　南無寶院山大慈救苦難観世音菩薩
六月十八日　南無西天洋海中慶一十二面観世音菩薩
十九日（成道）　南無清浄座主白衣満願観世音菩薩
六月二十三日　南無清涼寶海恩慶音観世音菩薩
七月十三日　南無廣慶倖願観世音菩薩
八月十六日　南無清浄寶楊恵徳観世音菩薩
九月二十三日　南無華嚴海衆観世音菩薩
十月二日　南無妙吉祥林中海月観世音菩薩
十一月十九日　南無清涼寶山白衣自在観世音菩薩

以上のようにそれぞれ示現日辰凡持齋誦念者には福徳が無量に現わされ顕現されるのでしょう。信じる者は救われる、心が清められ澄んで、仏界・神界と交流ができるのかもしれません。

一九九二年一月八日正午に顕現された神仙は、「高王白衣観音経」によれば「一月八日　南無華厳衆意甘露苦王観世音菩薩」と書かれています。

このお名前は、華厳とは多くの修業を積んで立派な功徳を得ること、衆意とは多くの人々、甘露とは苦悩を癒し長寿を授けること（おいしいとか甘い意）、苦王とは、苦しみ・悩み・心配を癒すこと、以上の意味を含んだ観世音菩薩のことです。

さて、二〇〇二年一月八日早朝に示現された「光満慈師」の字のごとく、光に満ちた慈悲（衆生の苦しみを取り除き楽を与える意）の心で悩み苦しむ人々を救いなさい、という意味なのか、光満慈師の名に含まれた字の意味から、仏界では、大日如来、神界では天照皇大神、共に大宇宙を司る神、神仙の手足となりこの名のごとく衆生を守る役を与えられたのか……。

今は、縁のある方々に少々ながら慈悲の心でご指導をさせてもらっています。

大切にしたい心の清らかさ

「六根清浄大祓」には、天照皇太神のおっしゃることには、すべての人々は神の心なのだ、目に不浄を見ても心に不浄を見るな、耳に諸々の不浄を聞いても心に諸々の不浄を聞くな、鼻に諸々の不浄を嗅いでも心に諸々の不浄を嗅ぐな、口に諸々の不浄を言っても心に諸々の不浄を言うな、身に諸々の不浄を触れても心に諸々の不浄を触れるな、意に諸々の不浄を思っても心に諸々の不浄を思うな、とあります。

これが実行できれば清き良きことが与えられ、諸々の法則は影と像の如し、清ければ穢れることがない。例えば、これすべて皆花から実と生る我身は、すなわち六根清浄なり。六根清浄なるが故に五臓の神君も安泰、安泰なるが故に天地の神と同根となり同根なるが故に万物の霊と同體となり、同體なるが故に、願い事などすべて成就するのであり、心は清く正しくすれば神の道に叶い守られる、とありますが、まさにその通りと思います。

人間は、天の気・地の気の間で体がコントロールされていますので、どちらの気（パワー）が衰えても体調を崩したりします。

六根清浄の中の、諸々の法則は影と像の如しとは、色々な難しい法則を決めても、それは、心からのものでなく影や像だけで何の役にも立たない、心が清ければ、穢れることもなく、仏界神界とストレートに交流ができるから法則でがんじがらめにする必要はないということなのです。

ロウソクに示されたメッセージ

それではロウソクに示された神のメッセージを説明いたします。

龍神

本体の姿をロウソクに託し示されたもの。龍体の本質を示され常に一緒ということ。

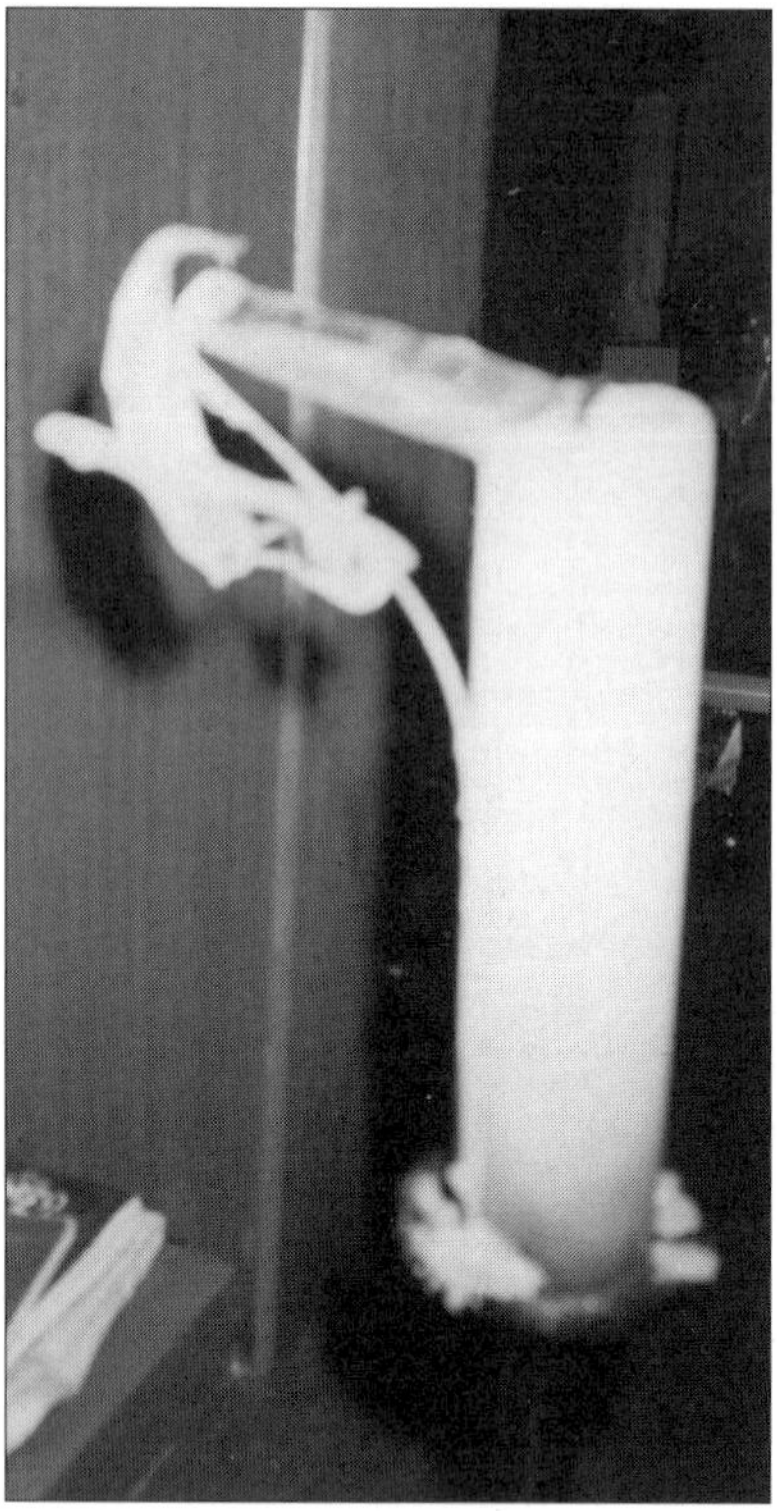

天童子・人童子・地童子
言葉では信じてくれない人に、わかりやすくロウソクに示されたもの。

白衣観音のお姿

慈悲の心を示されたもの。依頼されたお守りを書いている時に白衣観音の姿を顕現され、パワーが入りました。

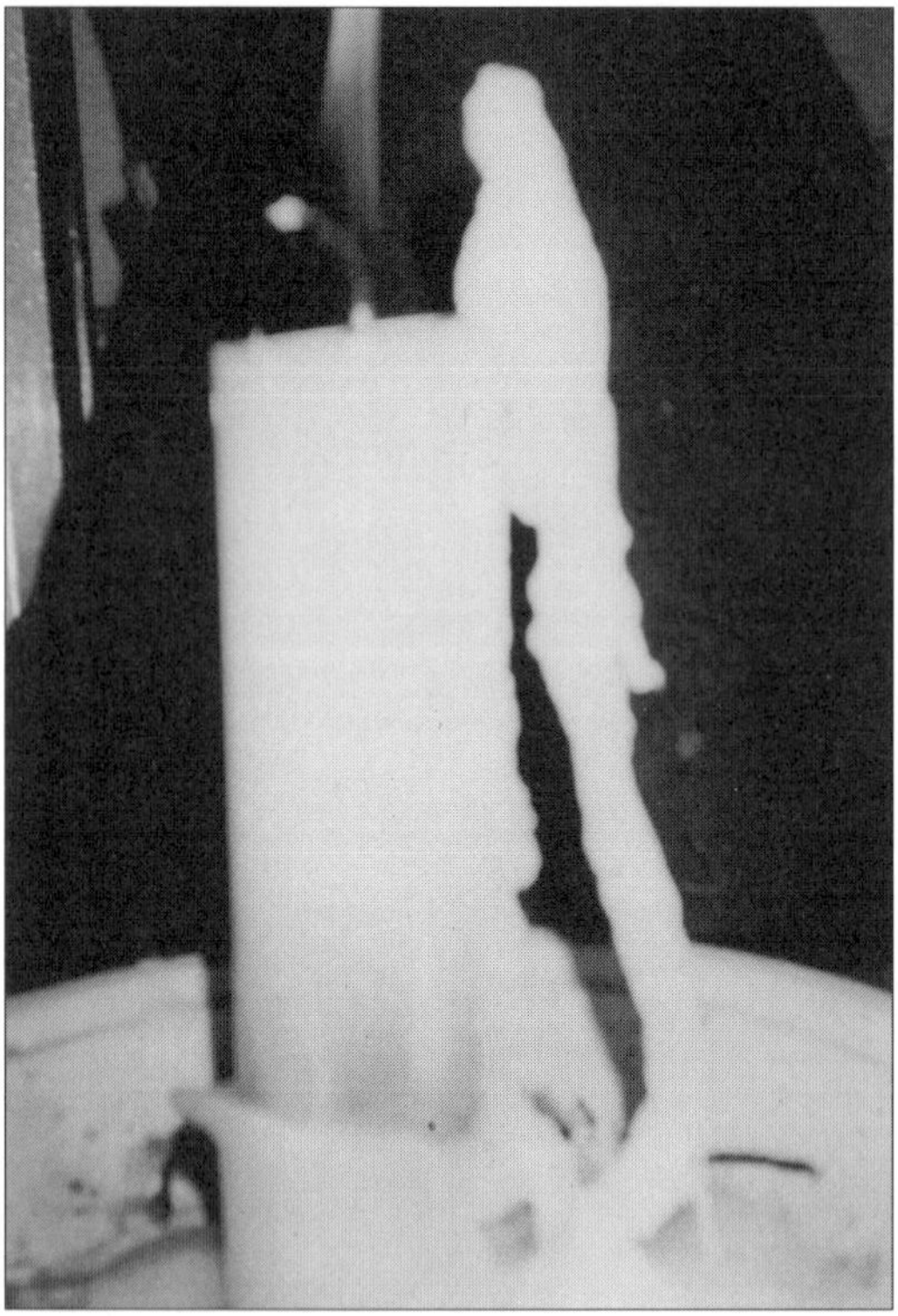

祈りの中、龍神より玉を頂いた時のもの
人間の魂・完全なもの高貴なものを意味します。

龍体の力強いパワー

依頼されたお守りを書いている時、神からの助けがあり力強いパワーを頂きました。

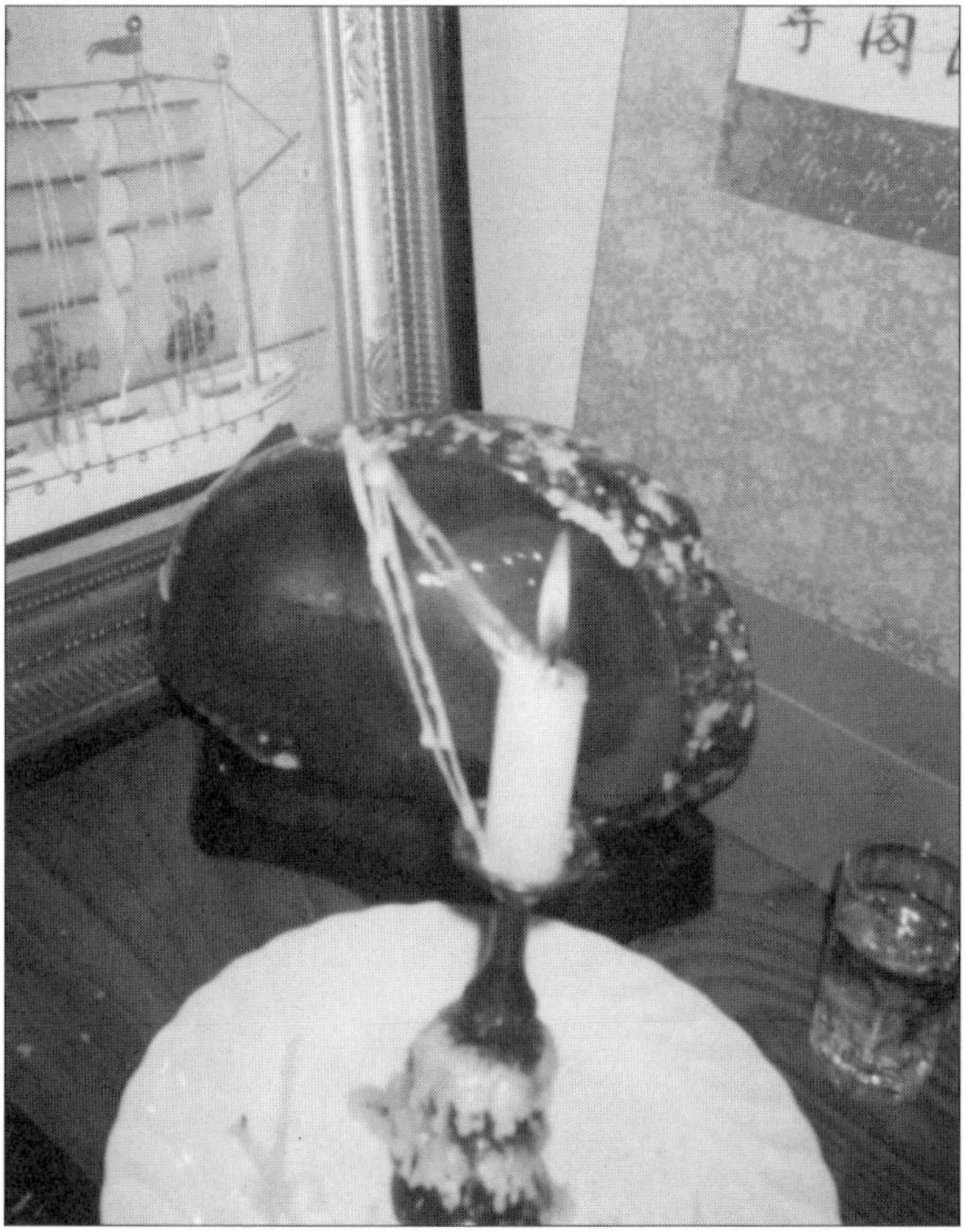

龍体が力強く宇宙を回遊しているさま

龍神の現れ
背景の黒い布に、白く龍神の本体が現れています。

龍神の現れ
龍体がロウソクに巻き付いています。

天童子・人童子・地童子のこと

ある時、一人の鑑定のお客様が来られて、鑑定室に座したら、天童子・人童子・地童子がとても騒ぐのです。

部屋を駆けまわりラップ音をパチパチさせて煩いので、どうしたと聞いたら「この鑑定の人は、試しに来ているので用心しろ」というのです。なるほど、そう言われると聞く事が少し変かな、と思い平凡にお答えしておきました。とても助けられることが多く、私には有難い存在です。

ある時、孫が遊びに来まして、「男の子が手を出してきたよ誰れかいるの」というのです。きっと人童子が握手をしたかったのでしょう。子供には時には見えるのかもしれません。心が清いと姿が見えるようです。天童子と地童子は、祈りの時には必ず私の後に座しますが、後はあまり姿をみせません。

第三章　私の宿命と使命

算命学から見た私の宿命

ここで私の宿命を分析してみましょう。なお、用語の詳細は第四章をご覧ください。

陰占の部分から見てみましょう（次頁図）。日干は庚金。季節は真冬の子、寒さの中雪が降って地面は凍りついている中にある庚金です。攻撃力のあるヤリとか刃の冷たさが見える人ですが、戊癸の暗合（丙・丁）の火が隠れ守護神となり心の暖かさはある人。辰・子の半会があり、行動力は素早く実行力のある人です。

半会・三合会局を宿命に持つと、三合会局と半会はそれぞれ異次元融合をするため、

陰占

時	日	月	年
丁	庚	戊	庚
丑	寅	子	辰
癸	（午未）戊	癸	乙
辛	丙	（壬）	癸
巳	甲		戊

宿命分解図

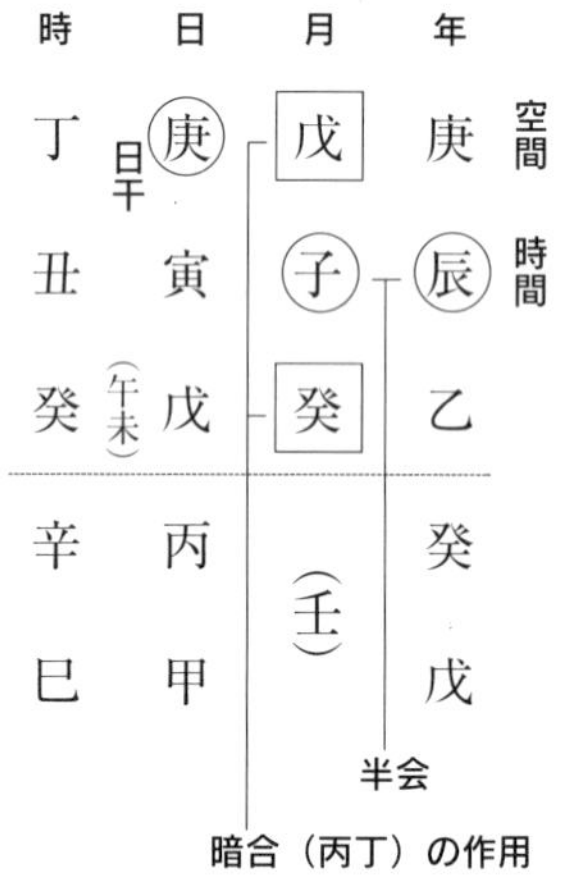

天干に精神（人の目に見えない部分）の動き、地支に現実（時間の流れの中で行動が人の目に見える部分）の動きの現象が出ます。

多面性を持った視野となります。ここでいう異次元融合とは、未知の世界を切り開き融合していくことを指します。

詳しくは後述しますが、算命学では精神面・現実面の二段思考で見ますので、後天運で廻りくる大運天中殺の時にまさに精神世界に突入して広がりをみせるのです。異次元融合をするため精神世界の目に見えない部分に守護神や喜神に支配され神仙との融合があったり霊的に魂が磨かれていきます。

総晩年とか子供達とかをみる時干に丁火が入り守護神があり人生の締くくりは、吉神に支配され小さな喜びになります。

これを見ますと、天照皇大神様より不動剣を授かり行動できることを考えても、神が様々の型で試されたのでしょう。

時干支は丁丑。この丑土は、霊的な祈りの世界の要素を有し天干の丁火は守護神であり、神の助けにより精神世界で実行力を出して行けると見、西洋占星術で見てもアセンダントは蠍座、占いなど霊的なものに向いていると見ることができます。

陽占（次頁）の部分を見ますと、初年運の天印星は、養子・養女に縁ありで赤ちゃんのような無心さがあり人々から可愛がられて過ごします。心の中の精神的内面または外部にはわからない性情は、地味で目立たない質ですが、内面に感性の鋭い情の冷たさ暖かさ涙もろさが入り混じった気むずかしさがありますが、外から見るとおとなしく女性的な面が出ます。

無駄使いせず、と言っても出す時はパッと必要に応じ使います。

物事にルーズなことを嫌います。反面、お人好しの面があり情に弱い。中年の運気は弱い、後天運の天剋地冲・大運天中殺などの影響を受けてしまい、晩年こそ家で落ち着いていられない忙しい運が廻っています。核は庚金で主星は、調舒星、言葉に剣があり、時には孤独を好む一面を有します。

陽占

	貫索	天印
龍高	調舒	司禄
天馳	龍高	天極

次に、天剋地冲の大運を見ますと（左図）、二歳運の流れに支配されて十年が始まります。

天干の剋し合いは、型の上で現れませんが、精神的には、思い通りにならなくてボロボロの状態です。

地支の剋し合いは、現状が目に見えて破壊の型をとりますから人生の流れを変えた

大運年表

2歳	丁亥	
12歳	丙戌	生まれ年庚辰と天尅地冲、希望叶わず大学受験失敗
22歳	乙酉	
32歳	甲申	生まれ日との天尅地冲の大運の10年 生活が全て破壊され、次のステップを待つ
42歳	癸未	大運天中殺の20年
52歳	壬午	生まれ月の戊子と天尅地冲
62歳	辛巳	大運天中殺の余韻の中で
72歳	庚辰	
82歳	己卯	
92歳	戊寅	

り生活のリズムが壊され、それはエネルギーが弱ければ、体に病気となって大運に負けていきますが、この場合は、エネルギーの強いものが廻って体は、丈夫で乗りきれたのです。

三十二歳からの大運は何よりも激しい大運で、二十二歳から三十一歳までの大運の十年間で、結婚し子供が生まれ新しい自分の巣作りをして土地を買い、順風満帆に大海に船出したのですが、天尅地冲の三十二歳からの大運で大嵐に遭い荒海で難破するのです。すべての過去を、隣からの出火で類焼に遭って焼き去られ、衣食住が奪われてしまったのです。しかし子供が無傷で助かったのが何よりでした。

二十二歳から四十一歳までの二十年間に、財運の運が廻っていたので、過去を破壊されてから今度は再生へと動き始めます。

主人が電気関係の設備・修理の会社を設立し、従業員も五人くらい雇い、業務関連の仕事で伸び、店舗付きの家を建てることができて、何年か過ぎて少し貯えもできてきました。そこでこの店舗付きの家を売って住まいだけの新築の家に買い替えたのですが、この方位が最高に良く、ここを基盤に益々商売がうまくいくようになりました。

大手の会社と取引ができるようになり、少し小銭が貯まったかな、と思った時、前に述べましたとおり、税務署にちょっとしたウッカリミスを指摘され、追徴金を支払う羽目になったのです。

振り返って見ると、日干支は大運甲申と天尅地冲の十年、年支・月支と大運支は、甲子辰と三合会局の十年、破壊と広がりと財運の星が廻り、その通りの運の中でもがき苦しみ、破壊・再生を繰り返しての十年です。

この大運の三合会局と天尅地冲が一緒に来たのは、若い年代に廻ってきたから生き延びられましたが、歳をとってからこの激しさの運が廻ると、肉体が持ちこたえられない場合が多いのです。

その後、喜神の大運天中殺が廻り、宿命のパイプが無限に広がります。

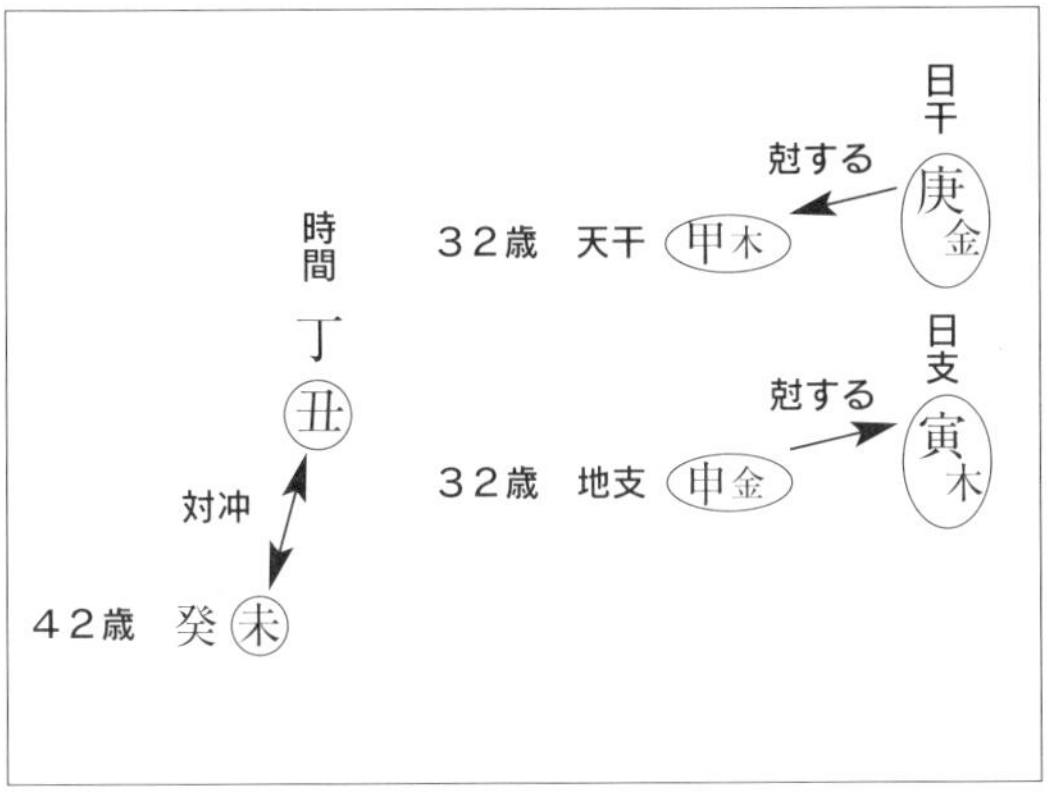

四十二歳では、時間の天干支が、上図左のように対冲の関係にあります。時間天干支なのであまり作用を深く考えなくともよいかもしれませんが、やはり十年間は天剋地冲で未と丑の対冲なので大運では調舒星が廻り、前半の五年間は破壊の渦の中で出口を定められずにいます。

四十二歳から六十一歳までの大運天中殺では、前の十年間の破壊と再生で移った方位が最高で、祐気の徳を受けて伸びはじめ、ヤレヤレと思ったのも束の間、大運天中殺の大きな渦に巻き込まれていき、財運の二十年間が終わります。ここで、借りて営業していた店舗が、マンションを建てるというので立ち退くことになり、人の好い主人はすっかり騙され、相手側に悪徳弁護士がついていて登記してあった店舗も騙されて壊されてしまったのです。従業員には辞めてもらい、代わりの店を持つための立ち退き料ももらえず、ここで店を潰されたのです。

天剋地冲の大運と大運天中殺の前後五～六年間は、大運移動の狭間のなか、動きが取れない状態へと落とされていきました。

いつも元気に出歩く主人が、その時には二日間も寝込んでしまいました。働く場所を失ったつらい日々でしたが、それでも吉方に移動した家は残りました。今では、仕事関係でつながりのあった大手の会社に下請として使ってもらえるようになり、家に事務所を置いて再生へと出発したのです。

四十二歳から五十一歳までの大運天中殺の十年間では、現実面では二軒目の家を買い、今の事務所にしていますが、一方で私は精神世界の修行と勉強に励み、喜神の助けもあって摩訶不思議な世界に入っていきます。

喜神により、見えない世界のものが見えるようになり、自分の生れ持った宿命のパイプより太く無限に広がっていくのです。

次に五十二歳から六十一歳までの大運天中殺に入ると、一九九二年一月八日に神仙が全貌を現され体内に入られました。そして二〇〇二年一月八日、早朝の祈りの中で、神より「光満慈師」という神名をいただいたのです。

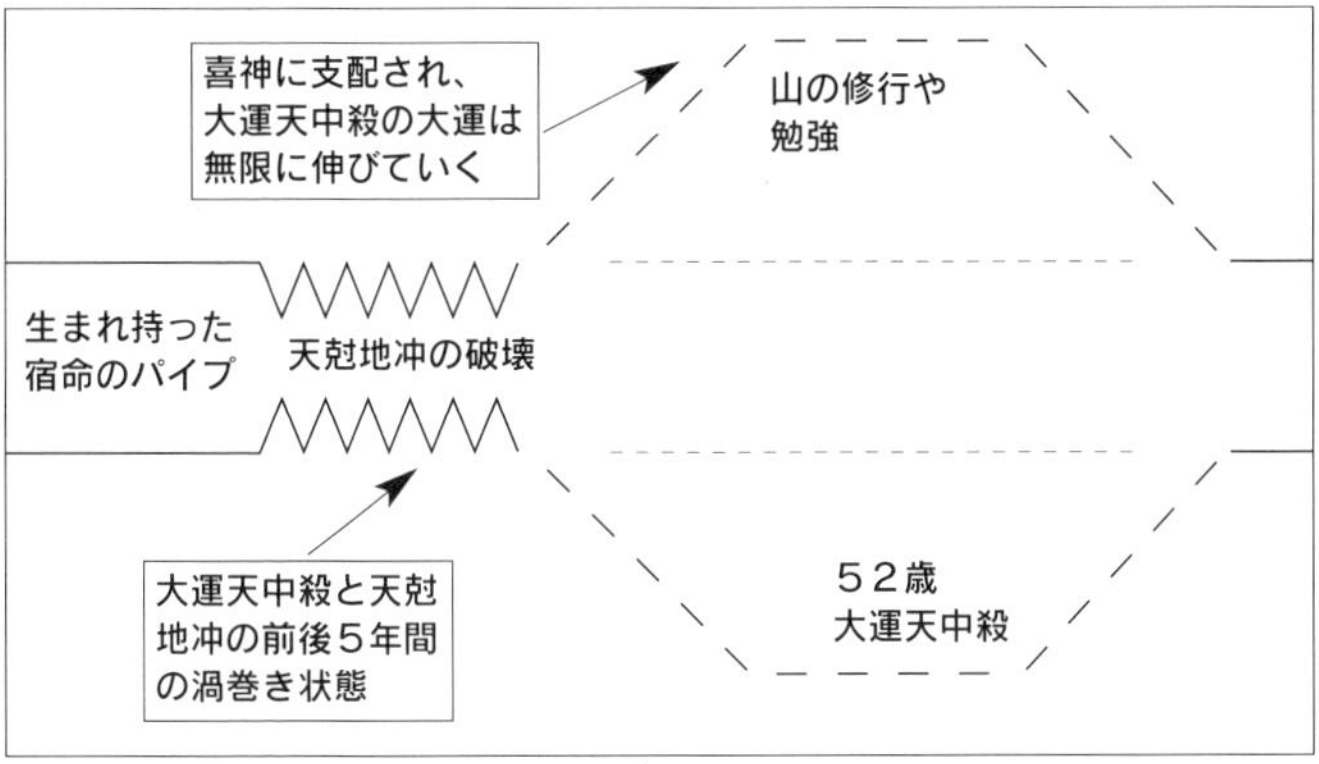

宿命のパイプ。進展につれて自身の枠が伸び、そしてまた元に戻っていく。

大運天中殺の終息にいかに対処するか

大運天中殺が終わり、六十二歳から七十一歳までの十年間は、喜神の作用を受け、大運天中殺の広がった宿命のパイプを元来の太さに戻していきます。

まだ吉神の喜神の恩恵が残り、私の宿命の晩年運と一致して大運天中殺に神からの恩恵を受けた分、自分の生活を守りながら散らしていくことが命を永らえるコツかもしれませんが、体が丈夫で生かされたことに感謝しながら、神仏の世界と現実の世界の様子を見据えていきたいと願っています。神仏の祈りに奉仕しながら……。

天照皇大神からいただいた不動剣、お祈りしているラピス玉（地球）と水晶玉（魂）、神仙の姿でお守りくださる八大龍王、そして天・地・人の三童子の助けを得て、宇宙のパワーを体に受けた我が身は、祈りと奉仕活動に励んでいくつもりです。

天照坐皇大神様からいただいた、不動剣（奥）、宇宙全体と地球を守るためのラピスラズリの大玉（中央・地球と観る）、人間の魂を守るために水晶の大玉（左）。
二つの玉はは祈りの対象として筆者の神殿に安置されている。

神仙に導かれた私の神業

ここでは詳しく書くことはできませんが、土地の清めは、とても大切です。特に、家を建てる場合など、その地の神の求める物はお祓いの時にさまざまです。お祓いを神様の指示通りに実行して納得されると、終わる頃、鳥が美しい声でその地その場所に飛んできてさえずり、完了を告げます。

また、神殿で祈ると、御守りの指示をいただくことがあります。

むずかしい霊的な場所や供養されていない所のお祓いをしている時には、祈りの最中に、テレビ画面のように色付きで、お祓いの仕方・用意する物などの指示が映され、その通りにすれば納まります。

占い・神業と祈りの世界

誰でも、無駄にこの世に生れてきているのではありません。それぞれの使命を持って誕生してくるのです。

すべて魂は前世とのつながりのもと、縁のあるもとに誕生し、この物欲の世で魂を磨きながら生き抜いて来世へと旅立つのです。

物欲の世なればこそ悩み苦しみ、我欲を捨てるのが難しいのです。自分の生年月日は、この世の閻魔帳に載ります。たとえ出生の日時が本当の日でなくとも、戸籍に届けられた月日が宿命となり、閻魔帳に載るのです。宿命が波乱の人生でも、心を清め、素直な生き方を選ぶと、楽な生き方になります。

その人その人に生まれ持った力量がありますので、それ以上に背伸びしようとすることは、長い人生を太く短く生きるようなものです。心が乱れた時は、静かに座して自分をよく見直すことで先が見えてきます。

第四章　算命学の基礎と応用

宿命と運命

宿命とは、天と地の空間において、与えられた不変の生存範囲を言います。人間が選ぶことのできないものを宿命と言います。

また、運命とは、時間と空間における人間の生存行程を言います。

言い換えると、宿命は「静」、運命は「動」となります。また、天命とは、肉体が与えられていない部分の宿命のことを言います。

算命学の目的は、常に不動の宿命を利用して、巡り来る運命の改良・改革にこそ目的が存在するものであります。

心の変化は運命の変化であり、始まりなのです。生年月日は、暦の上で表される宇宙の位置であり、宇宙運動の最小単位です。

五行の法則

地上の全て（大自然）のものは、木の質・火の質・土の質・金の質・水の質に分類され成り立っています。

木性に属するのは、樹木・草や苔類。
火性に属するのは、太陽・灯火。
土性に属するのは、山であり、畑や砂丘など大地そのもの。
金性に属するのは、鉄鋼、金であり、宝石、石や岩。
水性に属するのは、水そのもの、海・湖・雨・雪・霜など。

大自然にあるものは、木生火生土生金生水（木は火を生じ、火は土を生じ、土は金を生じ、金は水を生ずる）というように、相生関係を形成しています。相生とは、相手を助ける状態をいいます。その逆に、相剋とは、木剋土剋水剋火剋金といい、相剋関係を形成しますと、相手を傷つける状態になります。

なお、五行は空間における分類であり、時間ではありません。

宇宙は十種の世界（十干）から成り立っています。

陰陽の関係

天を陽とする　（十干＝空間）

木	火	土	金	水
甲 乙	丙 丁	戊 己	庚 辛	壬 癸

地を陰とする　（十二支＝時間）

木	火	土	金	水
寅 卯	巳 午	未 丑 辰 戌	申 酉	亥 子

五元素	五　行		
	陰陽	十干	事　象
木性	陽	甲	樹木
	陰	乙	草木
火性	陽	丙	太陽
	陰	丁	灯火・焚き火
土性	陽	戊	山岳
	陰	己	田圃
金性	陽	庚	鉄・鋼・金・刀・剣
	陰	辛	宝石・貴金属（軟質金属）
水性	陽	壬	海・大湖・大河の流れ
	陰	癸	雨・露・霜・雪

五種類の本能

木　守りの本能――仁――人間の気の範囲
火　伝達の本能――礼――礼儀・礼節
土　引力の本能――信――信用・信頼
金　攻撃の本能――義――前進・戦闘
水　習徳の本能――智――知性・理性

十二支は、時間であるため、終わりなしの回転運動をしているのであり、基点は太陽です。太陽の基点、つまり冬至をもって十二支の出発点と定めたのです。

五種空間と六種時間の法が成立し、六十種の時間空間の種類が生まれ、六十花甲子表が出来上がります。これは、太陽暦から出てきたもので、六十花甲子が六十一年目で同じ干支配列になるところから、六十年を暦の単位としてまとめたものです。

自然は、人類にとって最大の支援者ですが、人類が自然を超越しようとする時、最大の敵に変貌することを肝に銘じておきたいものです。

四正とは、春分点・夏至点・秋分点・冬至点の四点をいい、三合会法の中心であり、地時空間内に存在している五行の旺地です。

また、二十八宿を太陽が通過する日数を原理として二十八元表式が作られました。

二十八元法は、地時空間である動空間を明らかにする方法として成立しました。

二十八元表は十二支により十二段階に分かれ、時間範囲が三つの区分（初元・中元・本元）に分かれています。

なお、二十八宿星座から生れた地時空間分類表を二十八元表といい、土用法から生れた地時空間分類表を蔵干表と呼ぶのが常です。概念として、時間は常に平面として考え、空間は常に立体として捉えるのがよいでしょう。

お彼岸にお墓参りをする習慣は、春《しゅん》分点、秋《しゅう》分点の天地一体である仏教思想によって生れた行事です。お彼岸（春分点）は七日間続きますが、これは、人間の気（エネルギー）が太陽と月と水金火木土の五惑星に、それぞれ届くようにという願いを込めて七ヶ所すなわち七日間続けられるのです。

六曜の配分と太陰暦の朔（一日）

六曜は、一年十二ヶ月の理法から正反対の月同士をワンセットにした対冲理論から出ています。六曜の配分は以下のとおりです。

正月・七月……先勝：急ぎの願い事は吉

二月・八月……友引：朝・夕は吉、午の刻は凶（今世だけの結びつき）

(水旬)	(金旬)	(土旬)	(火旬)	(木旬)
壬　子　㊾	庚　子　㊲	戊　子　㉕	丙　子　⑬	甲　子　①
癸　丑　㊿	辛　丑　㊳	己　丑　㉖	丁　丑　⑭	乙　丑　②
甲　寅　51	壬　寅　㊴	庚　寅　㉗	戊　寅　⑮	丙　寅　③
乙　卯　52	癸　卯　㊵	辛　卯　㉘	己　卯　⑯	丁　卯　④
丙　辰　53	甲　辰　㊶	壬　辰　㉙	庚　辰　⑰	戊　辰　⑤
丁　巳　54	乙　巳　㊷	癸　巳　㉚	辛　巳　⑱	己　巳　⑥
戊　午　55	丙　午　㊸	甲　午　㉛	壬　午　⑲	庚　午　⑦
己　未　56	丁　未　㊹	乙　未　㉜	癸　未　⑳	辛　未　⑧
庚　申　57	戊　申　㊺	丙　申　㉝	甲　申　㉑	壬　申　⑨
辛　酉　58	己　酉　㊻	丁　酉　㉞	乙　酉　㉒	癸　酉　⑩
壬　戌　59	庚　戌　㊼	戊　戌　㉟	丙　戌　㉓	甲　戌　⑪
癸　亥　60	辛　亥　㊽	己　亥　㊱	丁　亥　㉔	乙　亥　⑫

六十花甲子表

二十八元表

支	初元	中元	本元
子			癸（節明）
丑	癸　９日	辛　３日	己（節明）
寅	戊　７日	丙　７日	甲（節明）
卯			乙（節明）
辰	乙　９日	癸　３日	戊（節明）
巳	戊　５日	庚　９日	丙（節明）
午		己　１９日	丁（節明）
未	丁　９日	乙　３日	己（節明）
申	戊　１０日	壬　３日	庚（節明）
酉			辛（節明）
戌	辛　９日	丁　３日	戊（節明）
亥	甲　１２日		壬（節明）

三月・九月……先負：午の刻から酉の刻まで吉
四月・十月……仏滅：諸事大凶、病に遭えば長引く
五月・十一月…大安：門出に吉、来世まで続くという伝え
六月・十二月…赤口：諸事大凶、火元に注意日

なお、大安に当たる陰暦五月は午、十一月は子です。これは子午線、つまり南北の結びつきを意味しています。というのは、南から現れた霊魂が北へ帰っていくからであり、来世まで添い遂げるように、との願いが込められているのです。

天中殺の原理

算命学では、宇宙間における空間を、十干（甲乙丙丁戊己庚辛壬癸）として、十方世界を作り上げます。

時間においては、木星（歳星）の動きによって十二支（子丑寅卯辰巳午未申酉戌亥）を作り出し、大宇宙における時間表出をします。

時間を表す十二支と、空間を表す十干の組み合わせは六十あり、六十を成立させる

ために十二支は五回転（12×5＝60）、十干は六回転（10×6＝60）します。

天中殺とは、十二種の時間に十種の空間が重なるときに残り二つ（12－10＝2）の時間における空間は「無」であり「空」であることをいうのです。

天中殺中は、受動的であれば楽に乗り切れますが、逆に能動的・行動的にすると凶作用が強く出てきます。

十干と十二支の成り立ち

干	季節　方向
甲 乙	春　東
丙 丁	夏　南
戊	春と秋の土用を支配
己	冬と夏の土用を支配
庚 辛	秋　西
壬 癸	冬　北

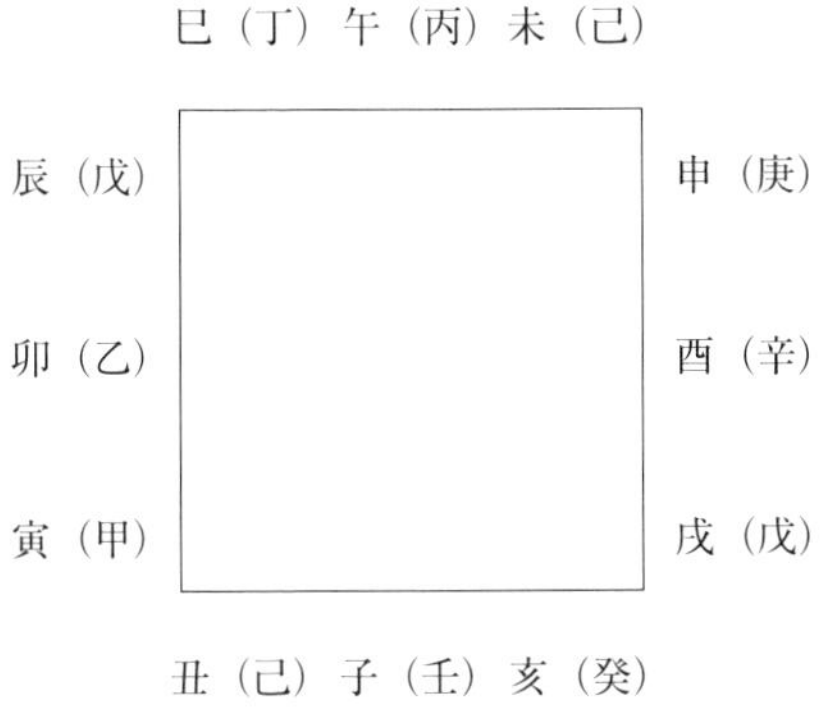

甲寅 ㉛	甲辰 ㊶	甲午 ㉛	甲申 ㉑	甲戌 ⑪	甲子 ①	
乙卯 ㊾	乙巳 ㊷	乙未 ㉜	乙酉 ㉒	乙亥 ⑫	乙丑 ②	
丙辰 ㊿	丙午 ㊸	丙申 ㉝	丙戌 ㉓	丙子 ⑬	丙寅 ③	
丁巳 54	丁未 ㊹	丁酉 ㉞	丁亥 ㉔	丁丑 ⑭	丁卯 ④	
戊午 55	戊申 ㊺	戊戌 ㉟	戊子 ㉕	戊寅 ⑮	戊辰 ⑤	
己未 56	己酉 ㊻	己亥 ㊱	己丑 ㉖	己卯 ⑯	己巳 ⑥	
庚申 57	庚戌 ㊼	庚子 ㊲	庚寅 ㉗	庚辰 ⑰	庚午 ⑦	
辛酉 58	辛亥 ㊽	辛丑 ㊳	辛卯 ㉘	辛巳 ⑱	辛未 ⑧	
壬戌 59	壬子 ㊾	壬寅 ㊴	壬辰 ㉙	壬午 ⑲	壬申 ⑨	
癸亥 60	癸丑 ㊿	癸卯 ㊵	癸巳 ㉚	癸未 ⑳	癸酉 ⑩	
子	寅	辰	午	申	戌	天中殺
丑	卯	巳	未	酉	亥	空間

天中殺表
天中殺現象は空間（人間を包み込むもの）がない。天中殺は、無の状態を形成する。物事の形成不能状態を意味している。男性が能動的な行動エネルギーなのに対して女性は受動的であり、女性のほうが男性より天中殺現象の現れ方が少ない。

十大主星の世界

算命学では、陽占を星図に見立て、そこに出てくる「星」を十大主星と十二大従星に分類しています。まず十大主星から見ていきましょう。これは十干から生まれたもので、次のような種類があります。

貫索星（木・陽）守備本能の陽。性情は自我心・頑固・独立身・マイペース・不変。どんな時でも自分の意志を曲げない。思考法は垂直思考の型。

石門星（木・陰）守備本能の陰。性情は協調性・和合性・政治力・説得力・宗教性等、全て集団生活に適している。

鳳閣星（火・陽）伝達本能の陽。遊ぶことが好き。性情はのんびり屋・温順・自然主義・創意工夫があり、日常生活と密着していて会計士・税理士のタイプ。情報社会の伝達者として才能を発揮。

調舒星　（火・陰）伝達本能の陰。音楽家やロマンチスト。性情は反抗的・反発的・孤独で、間接的で常に懐疑的な世界を持つ。音楽など、無からの発想を得意とし、夢やロマンを作って追いかける。歴史上の人物の中でも大発見者・発明者の中にこの星を持つ人が多い。

禄存星　（土・陽）引力本能の陽。性情は愛情奉仕的。この世界は愛情一色で、愛情奉仕と財力の二つの現象が特徴。目の前の苦難や困難に対処する才能は見事なもの。その瞬間における頭の回転は敏速。

司禄星　（土・陰）引力本能の陰。性情は温厚・堅実で、地味な人間関係。子供を育てることが上手で、全て等しい愛情配分をする。常に細やかで、悪く言えばケチ。行動は鈍いが気負いのない庶民の力。思考法は常に常識的で、宗教を好む傾向がある。

車騎星　（金・陽）攻撃本能の陽。性情は短気・直情・迅速・一本気で、正直な人生

癸	壬	辛	庚	己	戊	丁	丙	乙	甲	干日／星
癸	壬	辛	庚	己	戊	丁	丙	乙	甲	貫索星
壬	癸	庚	辛	戊	己	丙	丁	甲	乙	石門星
乙	甲	癸	壬	辛	庚	己	戊	丁	丙	鳳閣星
甲	乙	壬	癸	庚	辛	戊	己	丙	丁	調舒星
丁	丙	乙	甲	癸	壬	辛	庚	己	戊	禄存星
丙	丁	甲	乙	壬	癸	庚	辛	戊	己	司禄星
己	戊	丁	丙	乙	甲	癸	壬	辛	庚	車騎星
戊	己	丙	丁	甲	乙	壬	癸	庚	辛	牽牛星
辛	庚	己	戊	丁	丙	乙	甲	癸	壬	龍高星
庚	辛	戊	己	丙	丁	甲	乙	壬	癸	玉堂星

十大主星表

生年月日より表出された生日の十干が算出のポイントになる。

（1）暦から生年月日を干支で表出する。

（2）その干支から、右から左へ生年月日を記す。

（3）星の算出は、生日の干が中心的役割をする。

を渡る。思考力より暗記力が優れている。一度記憶したものは、忘れることがない。単独行動・体得主義を好む。

牽牛星　（金・陰）攻撃本能の陰。役人の星。性情は、自尊心・自制心・全体主義・実直・自負心。出処進退をわきまえ、逃げるのが上手。プライドを大切にし、感情のコントロールが上手。法律学・語学に才能を発揮。

龍高星　（水・陽）習徳本能の陽。性情は忍耐・放浪・改革・創造・破壊。多面的な思考を持つ。医学の世界なら外科医。生れた土地に縛られず、故郷を離れた世界を持つ。

玉堂星　（水・陰）習徳本能の陰。性情は知性・古典的・理屈っぽい。医学の世界なら内科・小児科。理学・数学・語学力に堪能。二面的（表裏）思考で一つのものを深く探る性質。

十二大従星の世界

これは十二支から生まれたものです。陽占法における十二大従星は、自然界を構成している五行の質（木火土金水）が宇宙の運行法則（地球の自転・公転）によって生じる盛衰をもとに作成されおり、これは時間のなせる業です。日干は心であり空間です。

天報星　出発と集結の二つの意味があり（二面性）、破壊と創造の同居とも言える。動乱・波乱の糸口を作る。

天印星　物事の原因を生み出す星。人に好かれる星（純性をもつ星、あるいは赤ちゃんの純真さ）。無の中から生まれる新しい気を指す。

天貴星　自意識・自負心が強い星。それは、おしゃれな星ともなり、対面を重んじることにもなる。

天恍星　夢・ロマン・冒険・生地生家を離れる星。離郷の運。

天南星　恐れを知らない前進力。環境を無視した批判力・想念と行為が異なり、エネルギーは怒りと想念・敵対・道を拓く。

天禄星　安定・用心深さ・堅実・観察力・守備力の堅さ。そのため目的を見失うことはない。薬学・化学・医学の世界を支配する星。用心深さと全体的思考により、のんびりした人物に見える。頭領の世界にはなれない補佐役。最も知的な現実派の世界。

天将星　皇帝の星、破壊の星、冒険の星。エネルギーがどの星世界より大きい。動乱の運を持つ。帝王あるいは頭領の器を持つ。自我心と頑固さはどの星よりも強い。初代あるいは創業者の質とされ、逆に人の後を受け継ぐ天命はない。陰転の場合には、親に天将星があると子供を盲目的に可愛がるため正確な判断ができなくなる。

十二大従星の区分図

位	星	時代	世
死の位	天馳星	あの世への旅立	あの世
死の位	天庫星	入墓の時	あの世
死の位	天極星	死人の時代	あの世
休の位	天胡星	病人の時代	現世
休の位	天堂星	老人の時代	現世
旺の位	天将星	家長の時代	現世
旺の位	天禄星	壮年の時代	現世
旺の位	天南星	青年の時代	現世
相の位	天恍星	青少年の時代	現世
相の位	天貴星	少年の時代	現世
囚の位	天印星	赤ん坊の時代	現世
囚の位	天報星	胎児の時代	前世

十二大従星表

癸	壬	辛	庚	己	戊	丁	丙	乙	甲	干日／星
卯	申	子	巳	酉	寅	酉	寅	午	亥	天貴星
寅	酉	亥	午	申	卯	申	卯	巳	子	天恍星
丑	戌	戌	未	未	辰	未	辰	辰	丑	天南星
子	亥	酉	申	午	巳	午	巳	卯	寅	天禄星
亥	子	申	酉	巳	午	巳	午	寅	卯	天将星
戌	丑	未	戌	辰	未	辰	未	丑	辰	天堂星
酉	寅	午	亥	卯	申	卯	申	子	巳	天胡星
申	卯	巳	子	寅	酉	寅	酉	亥	午	天極星
未	辰	辰	丑	丑	戌	丑	戌	戌	未	天庫星
午	巳	卯	寅	子	亥	子	亥	酉	申	天馳星
巳	午	寅	卯	亥	子	亥	子	申	酉	天報星
辰	未	丑	辰	戌	丑	戌	丑	未	戌	天印星

天堂星　老人の星（肉体の衰えを指すのではない）。退気・後退・引っ込み思案・自制心・隠居の暗示。きらびやかなことを嫌う傾向がある。天堂星の世界には、言葉が通じない面がある。精神理論によるバランスをとる。自分の考えを表現しつくすことはできない。

天胡星　直感の発想。感性の鋭い人。感覚の世界・利害の世界を好まない。芸術の世界・宗教の世界・精神の世界を作り出す。感受性の強さを作り出し直観力の鋭さを持つ。遊芸を好み芸術をよくする天胡の世界は、集団を好まない。多くは孤独の中に楽しみを見出す。

天極星　天印星と同じ状態が生まれる。天極星の世界は、肉体も精神も全て無である。人生において発想と思考内容が自由な思考展開ができる能力を有する。お人好し・純粋な人。教養を積めば、学術・技術の世界で特殊な地位を作り出す。

天庫星　学者の星、歴史の星。凝り性、探究心。古いものが好きで、古典的。また長子とか末子の星とされる。

天馳星　多忙・速度・瞬間の大器。瞬間における力量は、時間と距離を除けば天将星世界といえども勝ることはできない。この世界は、実に多忙な世界であり、休息の時間がない。同時に幾種類もの仕事や役割を与えられても、見事に消化していく力がある。感情と行動が常に一体となって回転しており、単独行動・孤独の人生を休むことなく走らなければならない。長い時間の結果として財を成したり一業一芸に秀でる。感性はひらめきが鋭い。逆にエネルギー消耗が少なすぎると肉体が破壊され病弱になる。

宿命に宿る天中殺のいろいろ

宿命の中に天中殺を所有するということは、一生涯を通じ天中殺の中を行き続けるということです。なお、天中殺を算出する場合、生年月日の干支の中で生日と生年の二つから算出することが可能です。生月から算出することは、日干に対して立地（社会現象）である理論によって使用することができません。

宿命（陰占）

	日	月	年
干	自分	社会背景	父
支	配偶者（天中殺）	生まれた家系（時代）	母

陰占に表れる、宿命のポイント。

一　互換中殺

生年干支と生日干支が互いに天中殺を持ち合わせた場合。互換中殺は、太く短く生きる人生もあります。

例

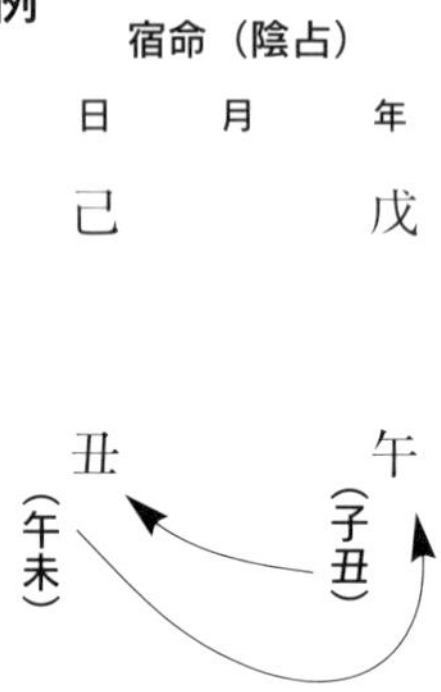

二　生年中殺

例

宿命（陰占）

日	月	年
戊	己	乙
寅	卯	酉

（申酉）

年干支が中殺されています。この人は、両親の力を借りることができない孤独なエネルギーの持ち主です。生年中殺を持つ者の特色として、若年において両親または片親と死別することが多いのです。

三　生月中殺

例

宿命（陰占）

日	月	年
丁	丙	庚
卯	戌	辰

（戌亥）

社会背景と時代に溶け込みにくいエネルギーを所有して進むため、奇人・変人の性情を押し出したりします。生月中殺所有者が異性と共に人生を歩むのであれば、同じ生月中殺を所有する者同士の婚姻が吉祥です。

四　生日中殺

例

宿命（陰占）

日	月	年
己	戊	丙
丑	戌	辰
←		（子丑）

生日中殺を持つ者が親の後を取ったり、長男の役目を果たすとき、人生行程に行き詰まりを感じます。生日中殺は、互換中殺の片側であり、生年中殺が所有しているところの天中殺範囲が生日の支に存在する場合をいいます。両親の立場から見ると理解しにくい子、両親が手助けできにくい子、両親にとって手のかかる子、親に心配をかける子となります。そのため、後天運によって他家に養子に行ったり、祖父母が両親の役目を果たしたりする状態が表れやすい宿命です。両親にとっては重荷の宿命を持つ子となります。

五　日座中殺

六十花甲子の中で甲戌・乙亥の二種をいいます。天中殺の中の天中殺といわれ、純粋な天中殺現象を表します。

日座天中殺の所有者は、家庭生活において子宝に恵まれないとか、正式な夫婦関係を持たないでいれば、人生においての凶事はまったく出ません。

六　同一中殺（同質の共同体）

例

Bさん

年	月	日
辛	甲	丁
未	午	丑
		（申酉）

Aさん

年	月	日
戊	甲	癸
戌	寅	未
		（申酉）

二人の人物が同一の天中殺を所有している状態です。運命のサイクルが同じなので、呼吸のタイミングが合うことになります。内面が共通しているので互いに理解しやすいのです。

同一中殺の者同士は、関係の上下や時期に関係なく相性の良さを長く存続でき、同一中殺の夫婦ならば、みごとな夫婦となりえます。その協力度合いは普通以上の強力さとなって現れ、実業家・政治家・商家などの世界において一つの目的のために全エネルギーを一点に集中することができるのです。離婚した場合にも、心は離れていても内界のエネルギーが別離しないでいるので、いわゆる腐れ縁となっていきます。

七　相互中殺（異質の共同体）

例

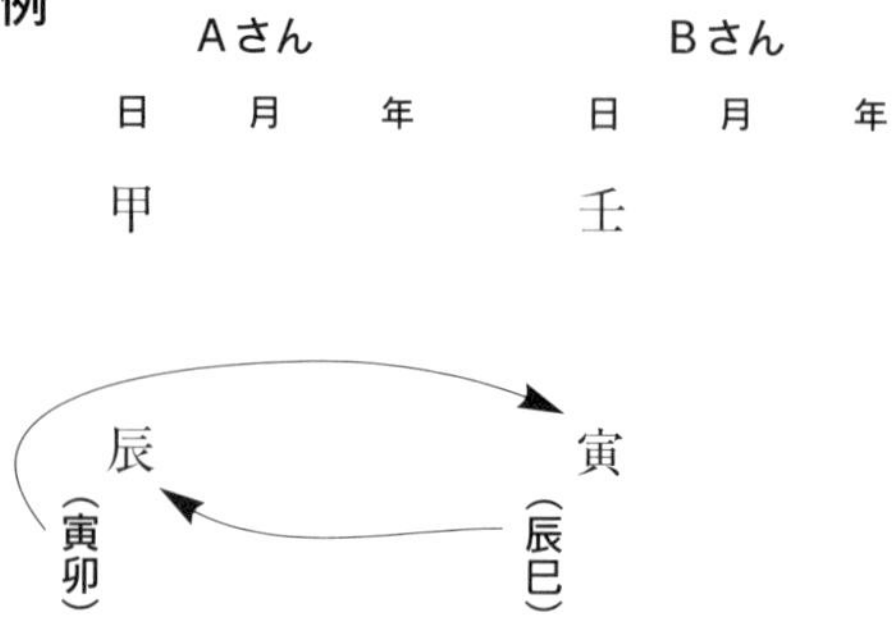

天中殺範囲を相互に所有し合っている状態。互いに持つ内面の気質や人生観、価値観などは異質ですが、人生行程において互いに助け合い協力できる間柄になります。職場や協同事業では良しとされ、逆に夫婦間などの男女関係ではあまり良くないとされます。子供の精神状態に落ち着きがないエネルギーを形成することになり、子育てに欠点が生じます。

八　宿命二中殺

例

Aさん

日	月	年
丁	乙	戊
未	卯	寅
（寅卯）		

Bさん

日	月	年
壬	乙	辛
辰	未	寅
（午未）		

生年支と生月支の二つが同範囲の天中殺を所有している状態です。この場合、生年中殺・生月中殺の現象に、宿命二中殺の現象が加わることになります。目上もなく目下もなく、人生を一人で形成することが特色の一つです。もともと精神的に練磨される環境に遭遇しやすい宿命を所有しており、精神世界（宗教家・学者等）で大成します。子供運に欠点があり、男子に縁が薄く、たとえできても早年にして自分の手元を離れる結果になりやすいのです。女子には縁が厚く子供の代から女系家族を形成することも特色の一つです。

天中殺という現象は、けっして凶事ばかりを論ずるべきものではなく、人間が生存する広大な宇宙が時間と空間によって構成される時空間の中の自然融合と不自然融合が存在しているということです。宿命の天中殺は、個人の智恵によってどんなにでも利用し活用することができるのです。算命学の言葉に「天は黙して人に知らしめる。宇宙の真実は無言の中にあり」というものがあり、そのことを示しています。

精神は静、肉体は動を作り出します。人間の肉体は、宇宙を包み込む無限の世界であり、東から生まれ西に死すのです。そのため、死に至る現象を「西方浄土へ旅する」と表現するのです。なお、霊魂は南に生まれ北に死にます。そのため北枕をもって旅路の道標とします。つまり、肉体は西を、霊魂は北をもって無の世界とするということです。

三合会局

次に、陰占法について見ていきます。これは、自分の日干から、年・月・日の天干地支の鑑定をする方法で、ここではそのうちの位相法についてご説明します。

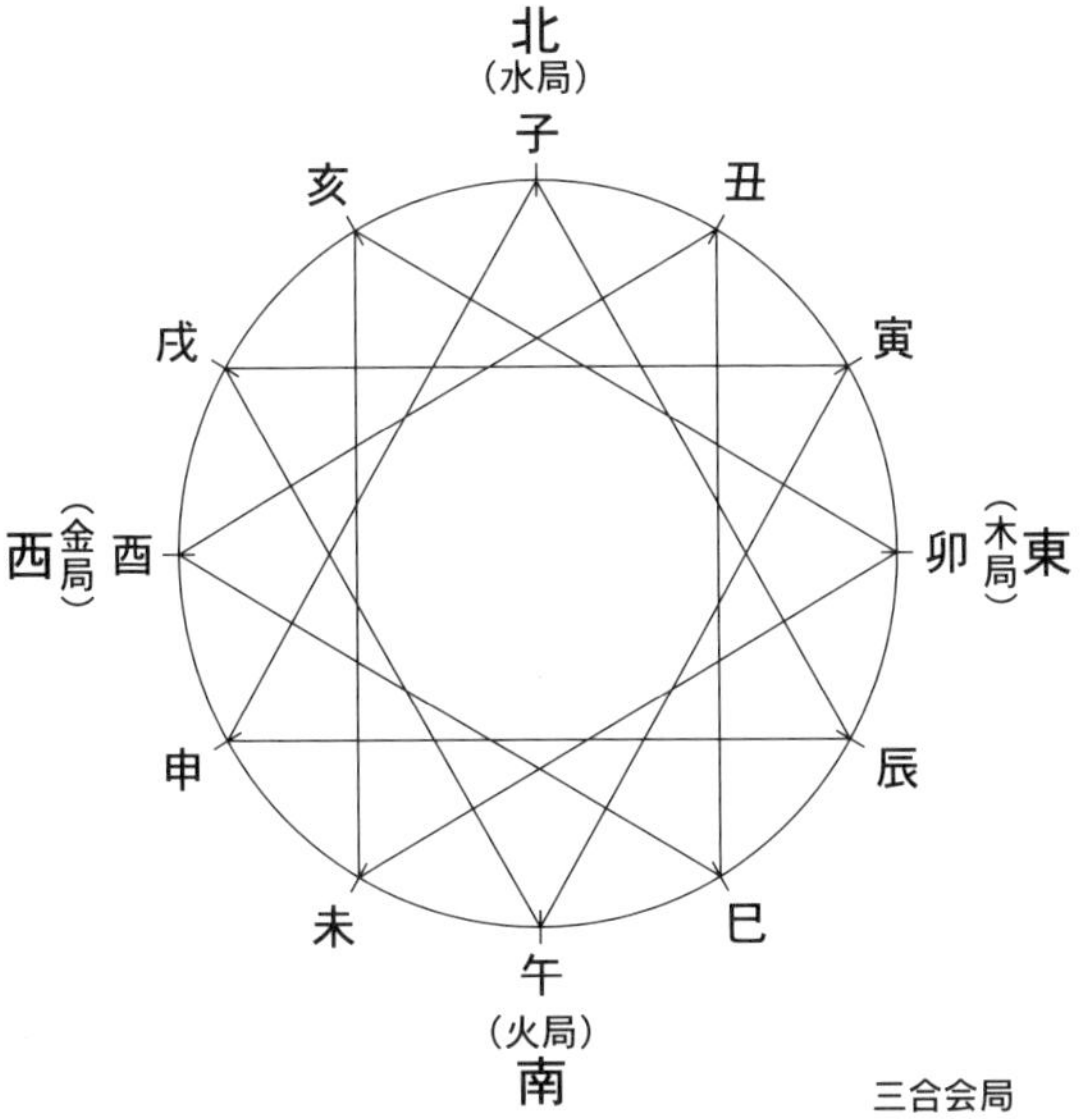

三合会局

三合会局とは、上図の円の中の線で結ばれた組み合わせで構成されている状態を指し、次の組み合わせがあります。

申子辰＝水性（陽・北）
巳酉丑＝金性（陰・西）
亥卯未＝木性（陰・東）
寅午戌＝火性（陽・南）

陽
　水局（申子辰）
　火局（寅午戌）

陰
　金局（巳酉丑）
　木局（亥卯未）

陽を精神、陰を現実と分類するので、陽の三合会局の人は、人生を進む上で精神面を優先させ、陰の三合会局の人は現実面を優先させます。

また、南北は精神、東西は現実とも分類されるので、左図のような方角関係にもなります。

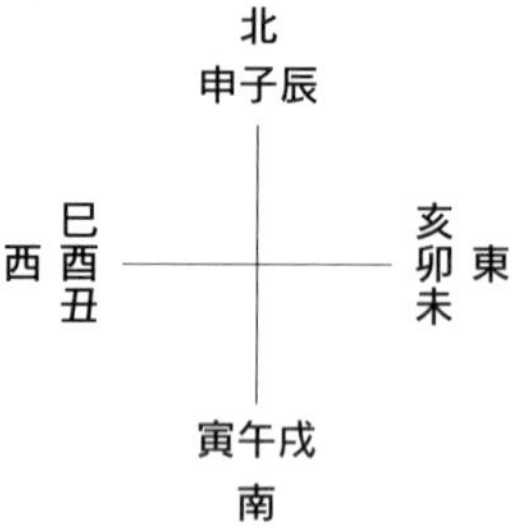

三合会局の重要性を考えるとき、動くであろう方向が一番重要なのであり、決して宿命の中で固定して考えてはいけません。

「天と地の融合」を意味する形であるため、異なった世界への溶け込みかたが容易になります。そのため、三合会局は、低い家柄に生まれる者にとっては有利な運命となります。なぜならば、異なった世界との融合によって現状を打開することができうるからです。そのため、三合会局は古来より王侯貴族が所有すれば凶、庶民にあれば最大の吉祥とされてきたのです。

三合半会

土性が入っていない半会を正気半会といい、土性が入っている半会を雑気半会といいます。正気半会を持つ人は現実離れした考え方を持ち、常識はずれの一面が現れる「思想の主」となり、雑気半会を持つ人は「実践の主」として、常識の範囲の考え方で度胸のよさを発揮していきます。

三合会局や三合半会を所有していると、現実の世界では満足感が得られず、現実離れしている型となります。

三合半会の組み合わせで、次のような特徴が出てきます。

日支―月支が半会の人　補佐役としてものごとをまとめる能力を発揮する。

月支―年支が半会の人　指導者として未知の世界を切り開いていく。
年支―日支の半会の人　現実離れした想念の広がりを持つ。

対冲

三合会局の本質が「集まる」であることとは逆に、対冲は「散る」を意味します。そこから「場所・位置の破壊、小さく分離していくこと」としてとらえていきます。つまり、本質として、常に同一次元・あるいは同一世界において起きうる運命の形であり、分離・分裂する形をいうのです。

年支対冲は「未来の分裂、現実における方向転換の時」を意味します。

月支対冲は「社会における立場の変化」を意味します。

対冲が後天運・年運で廻ると、移動や転勤などとして現れてきます。また、宿命の中の年支・月支の対冲は、自己の確立が遅くなり、常に心の葛藤が大きいことを意味

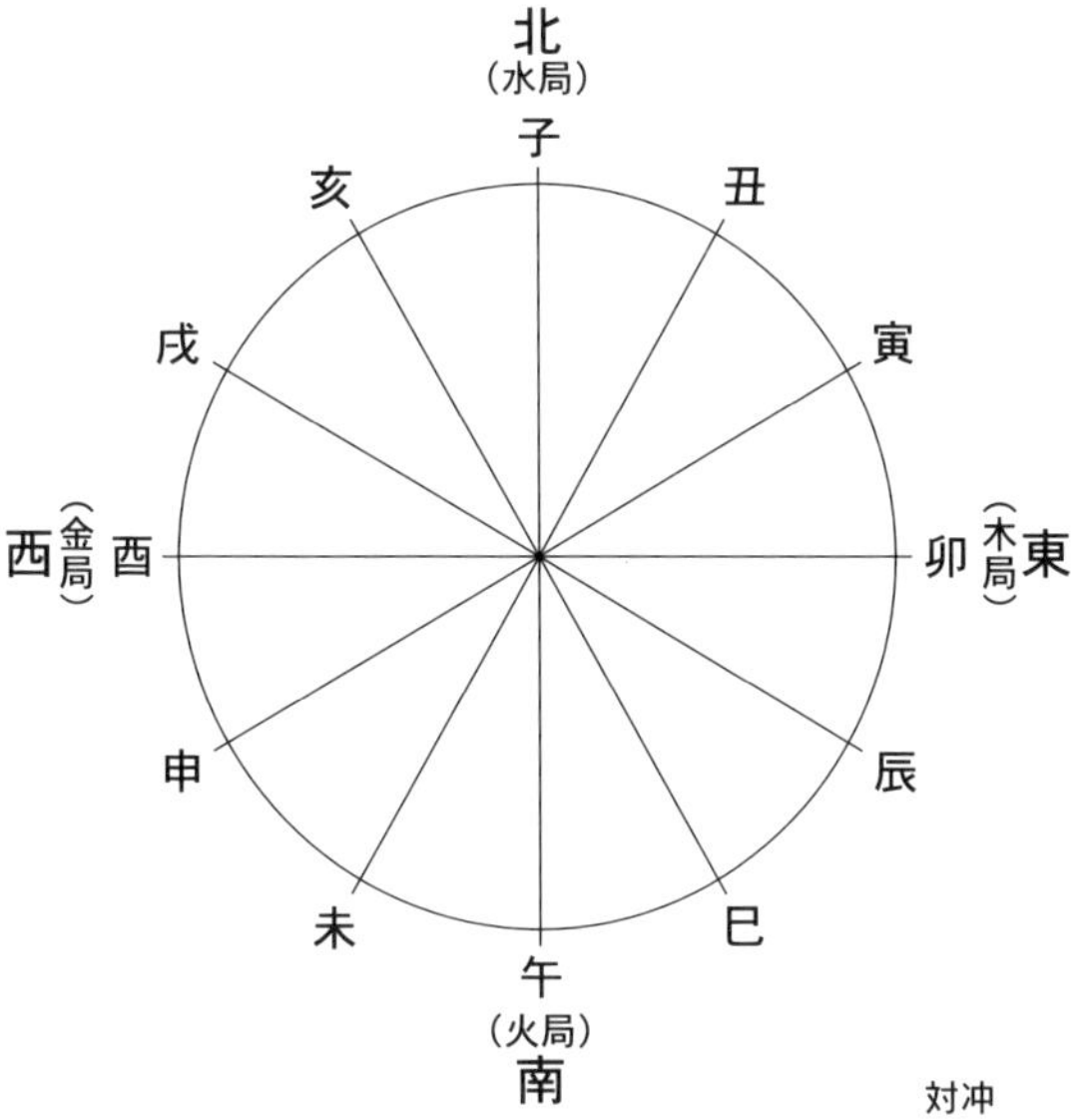

対冲

しています。

なお、対冲によって破壊されることを、必ずしも「悪いこと・凶事である」というような固定観念にとらわれるべきではありません。なぜなら、分裂・破壊されて喜びとなることもあるからなのです。

天衡冲の出発点は、精神的なものから生まれます。

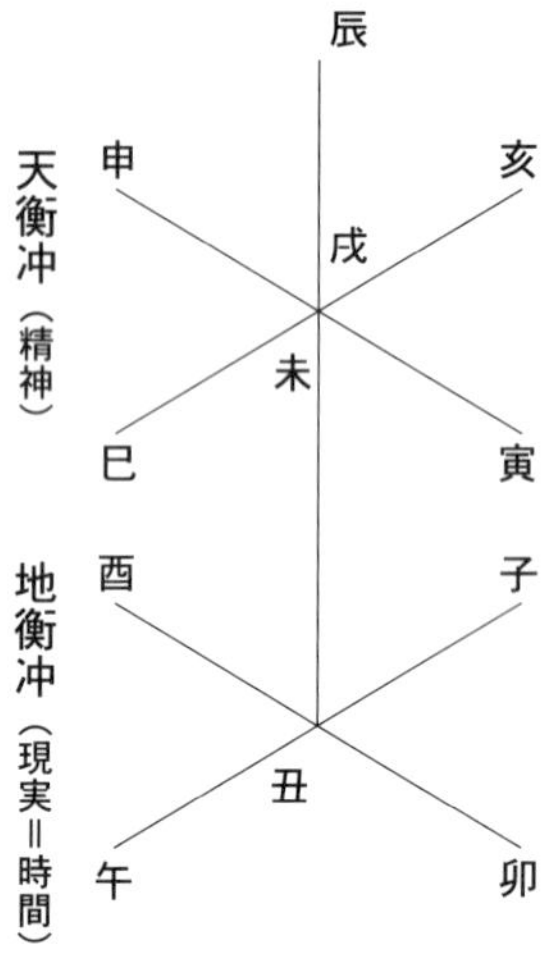

天衡冲・地衡冲

十二支は十干と異なり、時間が通過する場所を符号化しているので、対冲は、場所・位置の破壊を意味しているのです。

対冲現象は、器が破壊されるので、中身のエネルギーが変形するのが最大の特色です。ここでは十二支が器、十大主星が中身です。

天衡冲とは逆に、地衡冲の出発点は、現実的なものから生まれます。地衡冲は、宿命的な干支配列よりも、後天的に廻り来ることによって変化が的確に捉えられるものです。

対冲座法

宿命の中で干支配列の中に対冲がある場合

年支・月支の対冲があれば、住居が定まりにくいことを意味し、人生の目的が変化しやすく人生の途中において何度も職業を変えたりするという形で現れます。年運や大運に廻ってきた干支が宿命の年支を対冲すれば、そのとき職業の変化が現れたり、想念的な目的が変化したりします。現実界における方向が転換する時ともいえます。

月支の中央が対冲される場合

宿命に所有するとき自己の確立が遅くなり、社会における立場の変化となて現れます。五行説における中央は、常に時代と社会が織りなす交点であり、精神と現実、内側と外側、職業と家族、陽と陰の交点となります。後天運で年運に対冲されると、異動あるいは転勤などに遭います。
中央・月支対冲（現在）、西方・日支対冲（結果）は破壊のため特に強く現れます。
また、年支対冲は、計画の変更を余儀なくされることに現れます。

支合法

支合では、発想の中心が人間の心に存在しているということが最大の特色です。三合会局・三合半会が天と地の異次元融合であるのに対して、支合が意味しているものは、同次元融合の思考から出発しているという違いがあります。

人間の運命といえる現象が実際に現れるのは地上界なのです。

十二支が地上における方向であり、人間の生存範囲そのものです。空間は、霊魂と肉体の世界にも存在し、時間は、肉体の世界にのみ存在しているのです。

肉体の位置（生存の世界）は、常に大地であり、土性なのです。つまり三合会局・支合法は、土性を中心とする約束事から作り出されているわけです。

天の土性（辰戌）は、人間の精神を司り、地の気は、人間の肉体を支配します。

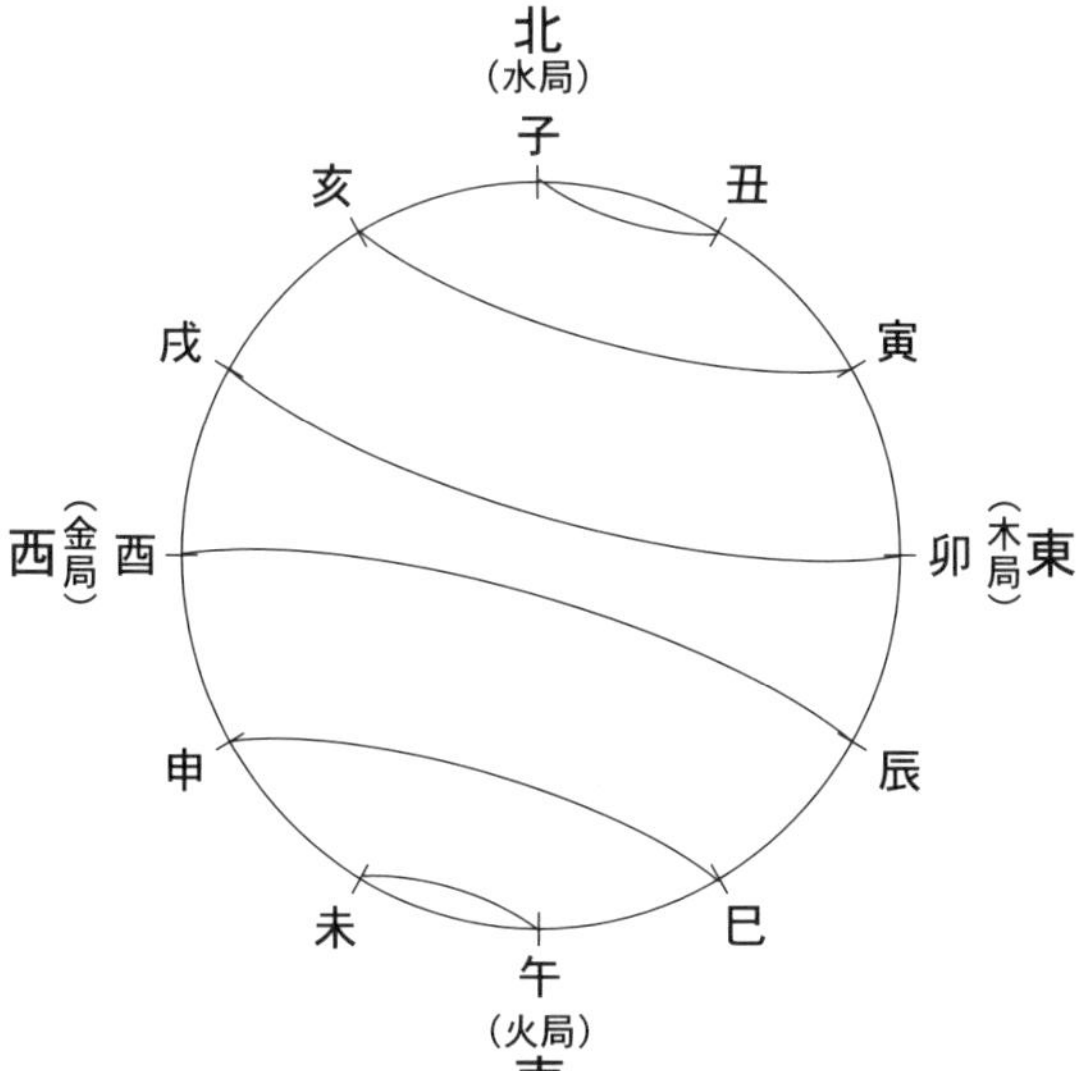
北
（水局）
子
丑
寅
卯
（木局）
東
辰
巳
午
（火局）
南
未
申
西
（金局）
酉
戌
亥

支合

立体五行説

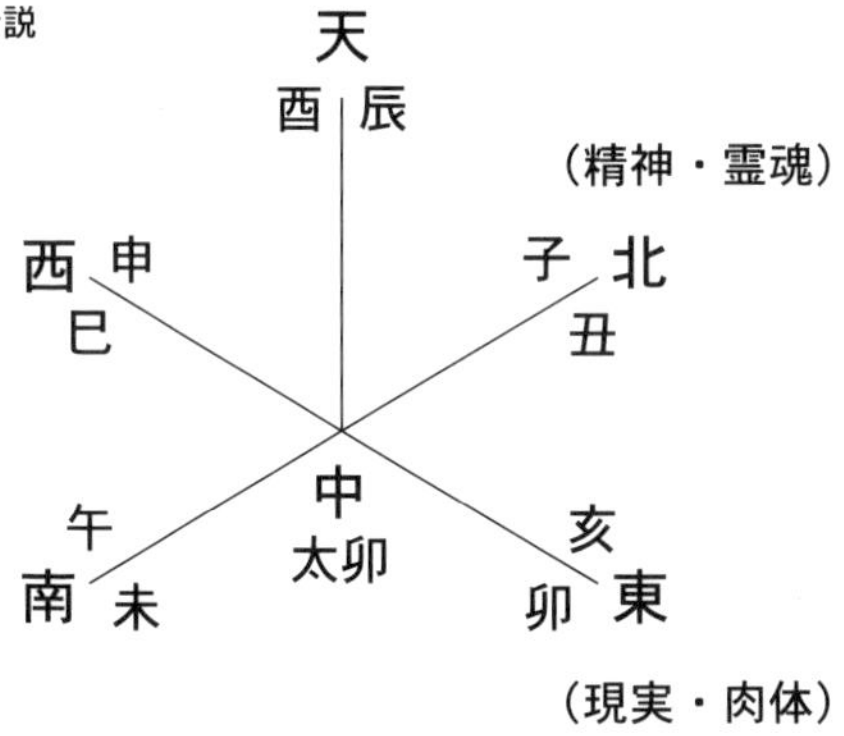
天
酉
辰
（精神・霊魂）
西
申
巳
子
北
丑
中
太卯
午
南
未
亥
卯
東
（現実・肉体）

十二支の連結が天上界から地上へ降りて来るときに、天上界の現実が人間の精神（霊魂）へ入り込み、天上界の精神が人間の肉体（現実）へ入り込み、そこに大地である土性の存在をもって人間が支えられています。

そこに、天地人三歳図の完成図ができあがるのです。

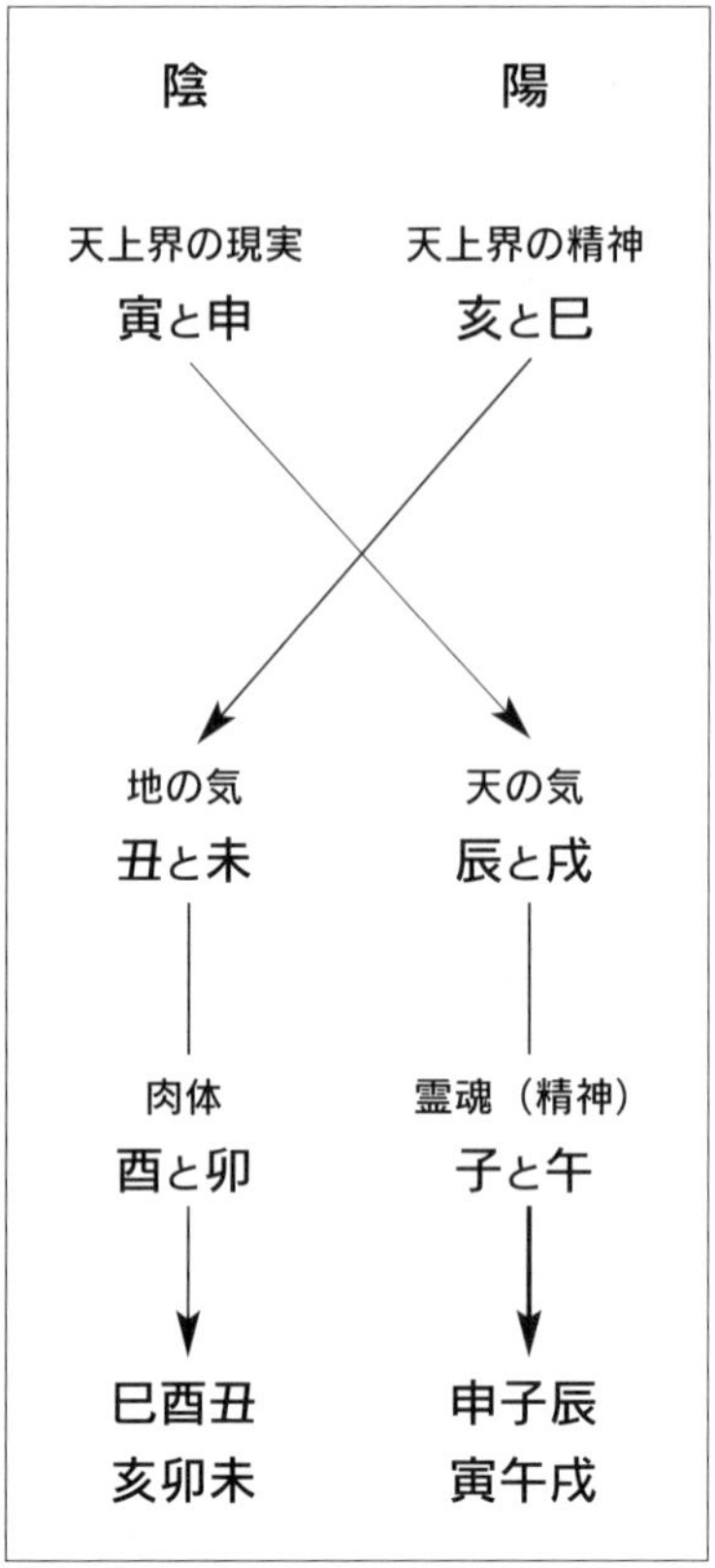

天地人三歳の完成図

この図式で、自然界は次のように分かれていきます。

自然界
- 天陽
- 地陰

人間
- 霊魂陽＝精神
- 肉体陰＝現実

・天上界＝申寅巳亥（四勢）
・地上界＝辰戌丑未（四土）
・人間界＝子午酉卯（四正）

三合会局は哲理的想念であり、自然界対人間の思考構造です。
支合は現実直視の想念であり、人間を主体とする思考構造です。
三合会局が人間性の完全を求めるのに対し、支合は人間の行為の完全さを求めます。
なお、支合には、左図のような方角によって分類した「六支合」があります。

北方支合（子丑）精神世界　精神世界の過去、物事の結果に対する想念・考え方が常に現実と一致している形を所有する。物事の結果というものに最大の心を配る特色を持つ。

南方支合（午未）精神世界　人間の実生活の中で、世渡りに関する発想の転換ができにくく、未来志向で前進力豊かな人。

東方支合（寅亥）現実世界　人生を進む上でも行動優先の人間性を作り出す。論理性は存在せず、本能的に行動する。直感が働くので精神状態は神の啓示を受けるようなもの。

西方支合（申巳）現実世界　運命の形は、結果を形としてとらえようとするため、手段に不備があっても結果の完全性を求める。

中央支合（卯戌）地上の中央＝現実的な手段の位置　努力型の人間、職業の変化も少なく、一つの道を生涯押し通す形で現れる。

天軸支合（酉辰）天の中央＝精神的な手段の位置　現実を正視する想念というものが強くなり、自分の目で見、手に触れたものの中から精神世界を形成する。時代の流れ、社会の変貌とともに人生を進む。

害法

宿命に害法を所有している人は、自己の身を捨てて社会のため、一族・一家のため、あるいは組織・学問・芸術のために生きる信念の持ち主が多いのが特徴です。

害法は、精神と現実、霊魂と肉体のアンバランスに最大の特色があり、肉体のエネルギーの消耗が大きいのです。害法の所有者が「病気の運を持つ」と言い伝えられるのはそのためです。大運や年運の廻りによって害法が成立する場合、その期間内において肉体の消耗度が特に大きくなります。

害法（上）と支合法（下）。
違いを確認しておきたい。
（左右頁とも）

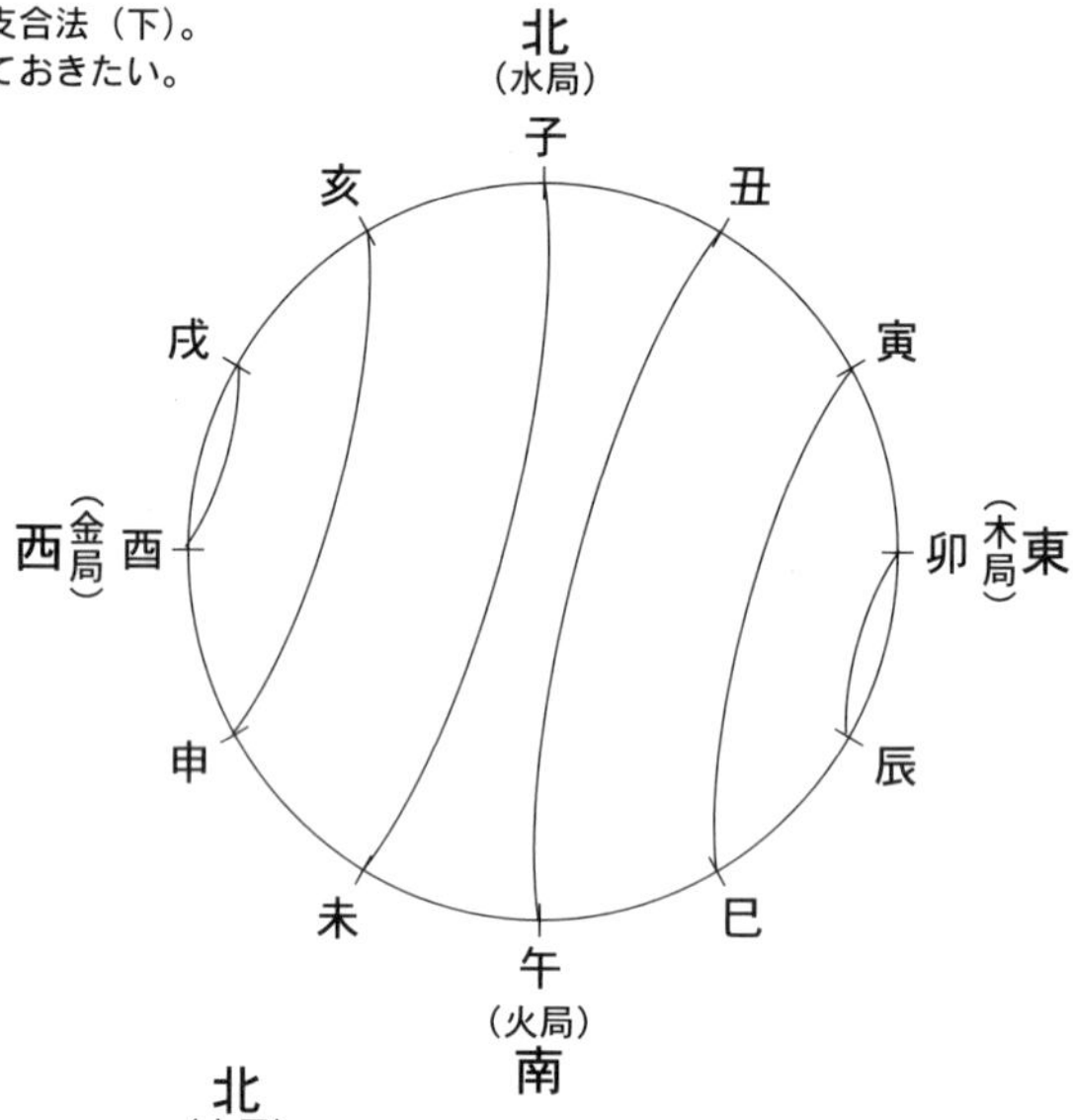

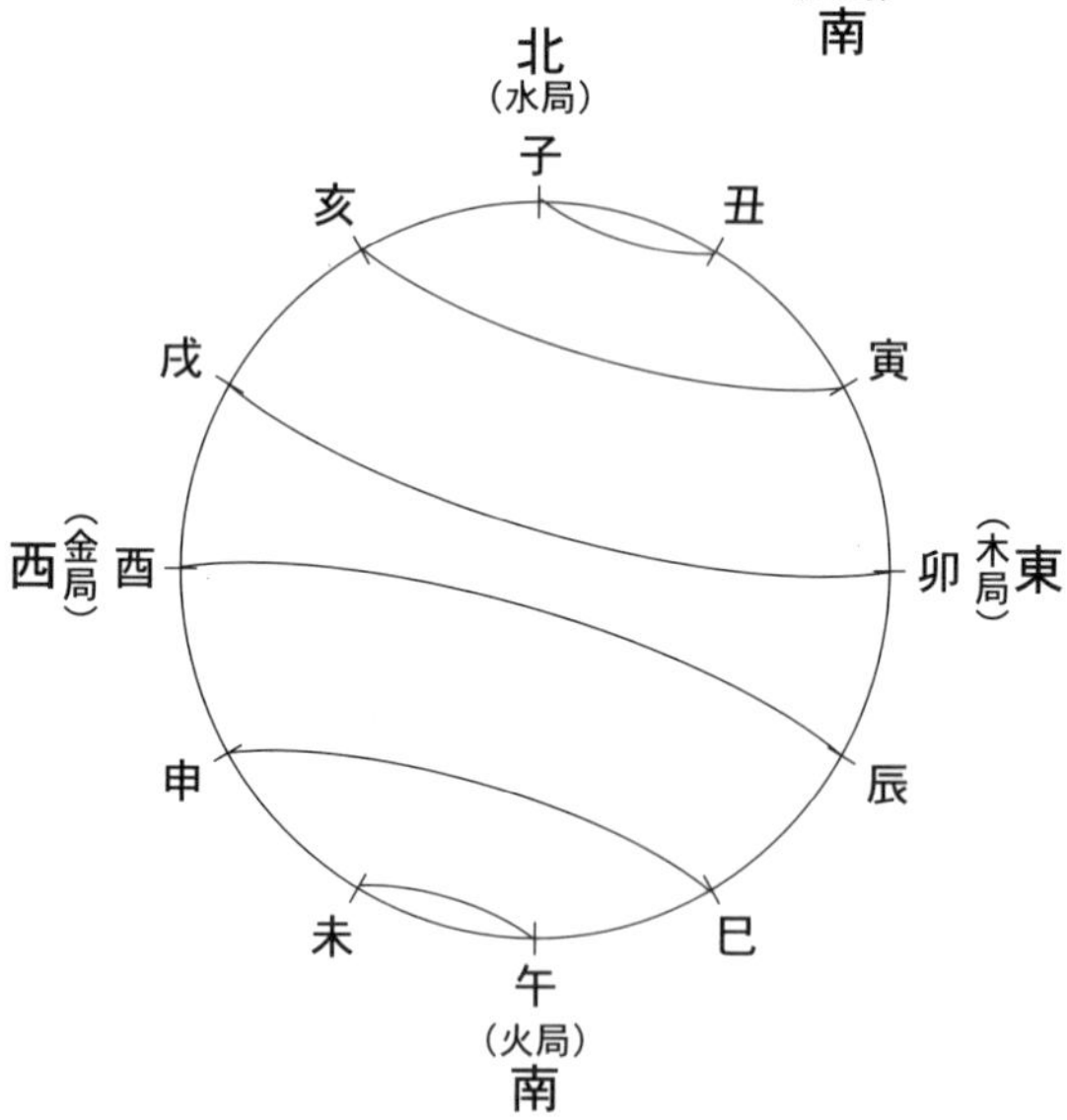

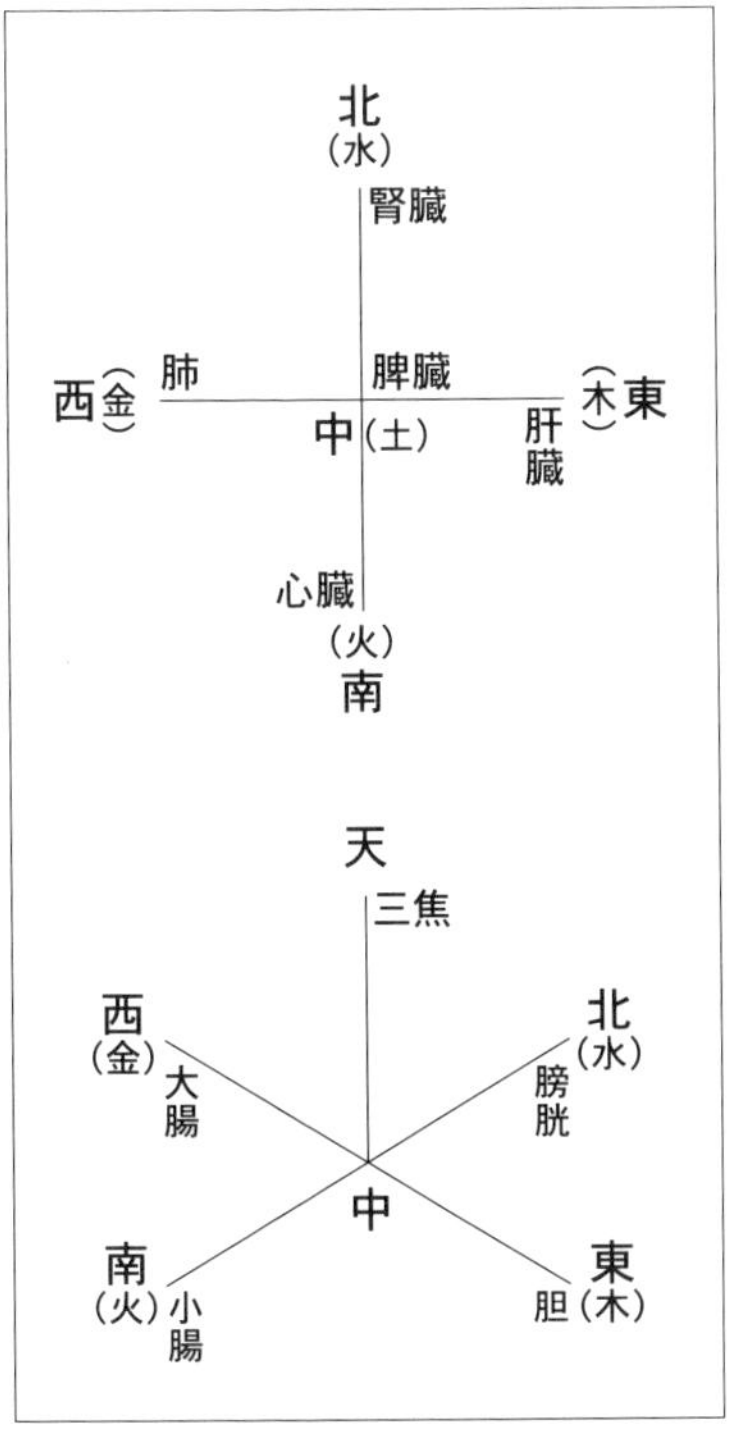
北
（水）
腎臓
西（金）
肺
脾臓
（木）東
中（土）
肝臓
心臓
（火）
南
天
三焦
西
（金）
大腸
北
（水）
膀胱
中
南
（火）
小腸
東
胆（木）

五臓六腑のなりたち

天
酉　戌
西　申
亥
子　北
未
中
辰　卯
午
南　丑
寅
巳　東

天
酉　辰
西　申
巳
子　北
丑
中
戌　卯
午
南　未
寅
亥　東

五運六気　肉体を土台とした生命体の生活反応

五運とは、五行説に基づく、木火土金水の質をいい、空間の存在物を指します。

六気とは、大宇宙を循環していく気＝時間＝肉体における脈拍・時間のことで、三陰三陽（三陰＝太陰・少陰・厥陰、三陽＝太陽・陽明・少陽）をいいます。

五運から方向・五行に分類して、肝臓・心臓・脾臓・肺・腎臓の五臓ができ、六気から胆・小腸・胃・大腸・膀胱・三焦（ホルモン）の六腑ができるのです。

害法病占法

害法でも、五臓六腑の障害について、次のように方角との関係で分析します。

南北の害は精神の疲労が原因。

東西の害は肉体の酷使が原因。

中心に存在する中央と天軸は、現実の行動と精神の疲労の両方が原因。

五運六気
- 外陽（五体六根）
  - 陽＝六根
  - 陰＝五体
- 内陰（五臓六腑）
  - 陽＝六腑
  - 陰＝五臓

子未の害（北方本地の害）

膀胱に害を持つ。尿毒症・体内の水分が濁る。北方の水地が毒素に侵されやすい傾向を持つ。

寅巳の害（東方本地の害）

胆石・胆のうに害を持つ。三合会局や半会によって病気が隠されて現れない時があるので、三合会局や半会を後天運で害と廻ると病占の場合に見落とすことがある。

午丑の害（南方火地の害）

小腸に害を持つ。宿命に持つと腸を壊しやすい体質の持ち主になり、体質の弱点ともみる。暑なる場所なので熱を帯びやすく高熱が出やすい。

亥申の害（西方金地の害）

大腸に出やすい。

卯辰の害（中央土地の害）

胃に弱点を持つ。

酉戌の害（天軸の害）

三焦（ホルモン）に害を持つ。栄養の偏りによる病気にかかりやすい。ホルモンのアンバランスなど。また、精神の不安定の中から発する小さなことでもすぐ肉体に現れる、六腑全体が弱い質でもある。

第五章　算命学で分析するあなたの宿命

この章では、実際の鑑定例をご覧いただくことにします。算命学の勉強をされている方、それ以外の占術を勉強されている方にもご参考としていただければ幸いです。

Aさん　昭和二十八年三月三十一日生まれ　男命

陰占

	日	月	年
	辛（○）	乙	癸
八歳	巳	卯	巳
申酉	丙	乙	丙
	庚		庚
	戊		戊

陽占

	鳳閣	天極
貫牽	禄存	貫牽
天極	禄存	天馳

大運年表

8歳	甲寅	
18歳	癸丑	
28歳	壬子	
38歳	辛亥	
48歳	庚戌	
58歳	己酉	大運天中殺
68歳	戊申	大運天中殺
78歳	丁未	
88歳	丙午	
98歳	乙辰	

もって生まれた日核は辛金。春の息吹を受けて草木の芽が伸び始め土もぬくもり始めた情景の中に、まだ磨かれていない宝石の原石です。後天運により、この原石が磨かれて高貴な光を放つか、なりきれないで過ぎてゆくかが決まります。

精神的構造は、プライドが優先する人で、自分を無視する人を許せない質を持ちます。そして、いつも一番でいたい、誰からも好かれて目立ちたい、という本質がありますが、プライドが優先のため本心をなかなか現しません。物欲も結構強い人です。

性格的には、真面目でコツコツタイプで、意外と物事に対して細やかな質です。

体の弱点とすれば、歯や口に弱点があり、言葉遣いに気をつけましょう。また下半身が冷えやすくなります。

目上運にはあまり恵まれないかもしれませんが、何か癖のある目上運です。部下運も良いとはいえません。裏切りがある暗示があり、プライドが強いわりにお人好しの面もあり、保証人などになると損をします。兄弟縁は、女性の縁が強く出ています。

宿命では、二度の人生になりやすく、それは例えば三十八歳からの大運で十年間の間に現状の生活の中に変化があり、人生の生き方が変わったか、または考え方が変わりやすく、二度の結婚など妻との相性が悪ければそんなことが示されます。

職業は、公務員、教職員、銀行員（サラリーマン）などです。

四十八歳からの大運では、対社会的にも恵まれて仕事の広がりがあり、いろいろな分野の人たちとの出会いがさらに運を強め広がっていくことでしょう。

五十八歳から二十年間の大運天中殺に入りますが、本来は日核が辛金の宝石ですから原野に転がっている原石を磨いてくれて輝きを持たせてくれる火がほしいのですが、喜神の現れが弱く、大運天中殺の二十年が終わって七十八歳からの大運で配されていますので、人生の終盤にもしかしたら何か花咲くことが出るのかもしれません。

Bさん　昭和二十七年十二月二日生まれ　女命

陰占

	日	月	年
	壬	辛	壬
	午	亥	辰
八歳	丁	壬	戊
申酉	己	甲	癸 乙

陽占

	貫索	天庫
司禄	貫索	車騎
天報	玉堂	天禄

大運年表

8歳	庚戌	
18歳	己酉	大運天中殺
28歳	戊申	
38歳	丁未	吉神が巡り財の星に支配される
48歳	丙午	
58歳	乙巳	
68歳	甲辰	
78歳	癸卯	
88歳	壬寅	
98歳	辛亥	

この方の宿命を分析してみましょう。生まれ持った核（日干）は壬水、水の陽の質で嵐の後の激流の水です。自然の嵐の後、雨水を含み、大樹も石を抱え込んで激しく流れ過ぎていきます。頭を押さえて止めることは誰にもできない水の質です。

この方の生まれ持った季節は、真冬に向かう寒が強くなる一方の時、自分の核は大河となり、流れゆく水の質です。

再度陰占を見ると土が足りません。守護として動く自命の質の水を止め穏やかにしてくれるのは土と火です。

陰占

	日	月	年
	水	金	水
	火	水	土

大運の十八〜二十八〜三十七歳までの二十年間は大運天中殺に入り吉神に支配されますので、人生の二旬に廻ってくる大運天中殺は少しずつずれ込みます。

大運天中殺の二十年間の基礎から三十八〜四十八〜五十七歳までの二十年間は、喜神が廻り、財運がしっかり守護してここで大金が蓄積されます。

五十八歳からの大運では、蓄積した財を失わないよう気をつけましょう。

陽占の心の様子を見てみると、壬水の行動の質から生れた性質としてとても行動ですが、一方で頑固で自分の考えを変えません。長女として生まれるか、末っ子として生まれるかにもよりますが、墓守の星を持ち、結婚する相手は長男や長男的役割をする人ですが、相性が悪かったり価値観が違うと、自我の強さから相手を許すことができず離婚もありえます。

宿命の質はさほど波乱のものはなく、中年期もわりあい充実した時を送ります。家庭に対しては、とてもよい星が入っています。晩年は財もしっかりあり、長生きして過ごす運です。夫婦も晩年にも出ていますので、よい人がいれば相性をみて結婚されることをおすすめします。

子供たちも二人くらい出ていますので、若いときに産んでいれば幸です。頑固な質から対人関係・愛情関係のタイミングを見逃しがちです。

本来は三十八歳からの大運で結婚なさるのがよいのでしょう。相手との出会いがあったり結婚しても働くことが好きな人ですから、優しい愛情を示す異性がいたら晩年は最高です。

Cさん　昭和二十八年三月十一日生まれ　女命

陰占

日	月	年
㊉辛	乙	癸
酉	卯	巳
辛	乙	戊
		庚
		丙

八歳　子丑

陽占

	鳳閣	天極
貫索	禄存	玉堂
天禄	禄存	天馳

大運年表

８歳	丙辰	
１８歳	丁巳	
２８歳	戊午	守護神（戊）
３８歳	己未	守護神（己）
４８歳	庚申	
５８歳	辛酉	
６８歳	壬戌	
７８歳	癸亥	
８８歳	甲子	

この方の宿命を解いてみましょう。生まれ持った日干（核）は辛金です。辛金は、宝石等の意味があり、春三月の季節の景色を絵に表しますと、土がぬくもり、草木の芽が伸び、カエルやヘビなど土のなかで冬眠していた動物が表に出て太陽のぬくもりを全身に受け動き始める時です。こんな情景の中の宝石です、命式の中に土のぬくもりが必要なのですが、ないので戊土・己土が守護神となります。

宿命の中で月干支卯・日干支酉の対冲があり、自分の家庭生活は、結婚する相手から見ると自分流が優先で仕事が先となり、相手から不満を持たれ理解されないため最初の結婚は相手との相性もありますが壊れやすくなります。子供運はあり、兄弟・姉妹の運もあります。

性格は、辛金が核でプライドと自我欲の強さがあり、悪い面に出ればグヂグヂと理屈っぽくなり何度も同じことを繰り返したりして欠点になりますが、良い面に出れば冷静で理性的な人です。

初年運・中年運・晩年運と分けると、初年運は、自分の力を出し切れなくお人好しの面が出ます。十八歳から専気大運に入り、一つの仕事を中年の運気の強い行動力のパワーでやりこなす人になりますが、財力の欲求が強い気なので、思い通りにならないと愛情奉仕と引力を求めます。晩年運は、落ち着いた良い人生を送るでしょう。

後天運で廻ってくる大運では、激しさがあまりありません。本来は専気大運が十八歳から五十八歳まで廻っているので一つの仕事をやりこなせる人ですが、四十八歳の大運、五十八歳から六十七歳までの大運では、自分の自我が強くなり、ますます頑固さが強くなるかもしれません。仕事でよい時期は、二十八歳の大運と三十八歳の大運で、守護神が廻りうまく仕事が伸びたのではありませんか?

後天運では、大運天中殺は八十八歳以降になりますので年齢的に無理かもしれませんが、いずれにせよ人生の最晩年で財の星が廻ってきます。体の冷えに注意して長生きされれば幸せ到来です。

Dさん　昭和十四年一月五日生まれ　男命

陰占

日	月	年
壬（○）	甲	戊
寅	子	寅
甲	癸	甲
丙		丙
戊		戊

一歳　辰巳

陽占

	車騎	天胡
鳳閣	石門	鳳閣
天胡	鳳閣	天将

大運年表

1歳	乙丑	
11歳	丙（○）寅	守護吉神
21歳	丁（○）卯	守護吉神
31歳	戊辰	大運天中殺
41歳	己巳	大運天中殺
51歳	庚午	
61歳	辛未	
71歳	壬申	
81歳	癸酉	

まず、この方がこの世に誕生した風景を表現しますと、この方の体を支配する核は、

日干の壬水、すなわち大河の水です。子月（十二月）の生まれで、凍りつく真冬の寒さの中に生まれた荒れ狂う激しい水の質を持つのです。水は穏やかな時は鏡のように澄んで風景を映すものですが、荒れ狂う嵐の後の水は、泥を含み大木や大石を抱え込んで激しく流れます。

宿命では、

陰占

日	月	年
㊌	木	土
木	水	木

ですので、五行の中でこの方の不足分として欲しいものは、まず自分をあたためてくれる火です。火は水と木をほどほど静めてくれて、土をあたため、木が育つ状態になるので、後天運で廻ってくる時に世に出たり運気が上昇してくるのです。

この人の場合、土も少ないので、この核と季節感から表現しますと、火と上が必要なのです。これが守護神となります。

性格について分析してみましょう。人に見える姿や性情は、核の壬水から生まれた鳳閣星によって伝達・芸術の意味合いを持ち、心は壬水から生まれた石門星なので社交性があり、誰にでも愛想よく接することができ、核から生まれるパワーも行動的です。エネルギーに根があり強いのです。一方、人に見えない心の奥には、直観力が強く言葉の一つひとつに左右される気の弱い迷えるこだわりの心を持っているのです。

後天運で見ますと、財運で支配されていますので、わりあいと小さい頃から吉神に支配され、若年で世に出た人かもしれません。子供の頃の十一歳からの大運で天干に火性が廻り、二十一歳からの大運でも天干に火性が入り、三十一歳から大運天中殺が入り準守護神の土性が廻り、四十一歳からの大運天中殺でも地支に火性が廻って守護されていますので、運が良かったのでしょう。

五十一歳から六十歳、六十一歳から七十歳の大運でも、現実の地支に火性があり、この方の宿命にはありがたい状態なのです。

宿命の中には、配偶者の正妻の星が現れていないため、偏妻という年上の女性とか二十歳も若い人などという結婚運になりやすく、二度の人生があるのです。

音感があり、声のトーンが高い人です。七十一歳ころから年齢とともに行動範囲を縮小しながら伝達の仕事を続けられるとよいでしょう。

Eさん　昭和二十一年三月八日生まれ　女命

陰占

	日	月	年
	辛	辛	丙
	巳	卯	戌
	戊	乙	辛
一歳	庚		丁
申酉	丙		戊

陽占

	貫索	天南
玉堂	禄存	貫索
天極	貫索	天馳

大運年表

1歳	庚寅	
11歳	己丑	
21歳	戊子	
31歳	丁亥	天剋地冲
41歳	丙戌	
51歳	乙酉	大運天中殺
61歳	甲申	
71歳	癸未	
81歳	壬午	
91歳	辛巳	

　この方の宿命を分解します。この方も日干は辛金、プライドの星、宝石です。春三月生まれの情景、水がぬかるみ土があたたまり、これから草木が草木は地上に芽をふき冬眠の小動物は活動しだす風景を背に生まれています。春三月の草が成長して核の宝石を磨くには水が命式にないので水分補給しなければなりません。

　性情および性格と後天運が廻る運勢の流れを見てみましょう。宿命は、小さい時から強いパワーの運に恵まれとても活動的、ちょっと派手なおしゃれ感覚のある人です。

意地と根性は、頑固の質と奉仕の質を持ち、誰が何を言っても一筋に自我を発揮します。働き行動の運を持ち、中年の運は飛び廻るほどです。疲れたら休み、また行動と、忙しい運が入っています。好みのタイプの異性は、理知的な理論家の人を好みます。感情と霊的感覚も磨けば光る人です。

後天運では、三十一歳から四十歳位の間にそれまでの生活の変化が廻り、天尅地冲の大運なので、目に見えない精神の世界と現実の時間の中に通じ合わない変化が生じることが発生しますが、意外と親の財を継いだりして、ラッキーな型があります。

大運の五十一歳から七十歳までの二十年間は、大運天中殺の運が廻り、財の運が廻ってきているので、今までの蓄積されたものが自分の力以上に発揮できるときですが、自我欲がますます強く出るかもしれません。頭を押さえるものがなく大きな事業をしたくなり、また目に見えない財運の奉仕を受けたりします。こんな時に変に人の保証人になるような、自我欲が強いのにお人好しになると、大きな散財もある時です。

七十一歳からの大運では、喜神が廻るのですが、年齢的にも晩年になり、肉体と精神の一致が難しくなります。五十一歳から七十歳までに大きな財に恵まれればいいのですが、いずれにせよ七十一歳からの大運では散らした奉仕活動が大切になります。

Fさん　昭和四十二年八月九日生まれ　女命

陰占

日	月	年
㊁乙	戊	丁
巳	申	未
戊	戊	丁
庚	壬	乙
丙	庚	己

十歳　寅卯

陽占

	天報	天印
司禄	司禄	鳳閣
天恍	司禄	天報

大運年表

１０歳　己酉
２０歳　庚戌
３０歳　辛亥
４０歳　壬子
５０歳　癸丑
６０歳　甲寅　大運天中殺
７０歳　乙卯

この方の生まれた情景を表現してみましょう。八月の生まれでも、暦の上では八月は秋に入ります。

陰占の宿命星には水がなく、自分の核は乙、つまり草木です。草木は水がないと伸びられず、八月の秋の支配の中、大地が乾き、一雨ほしい状態です。本質が草木なので、自然の中で草木を考えてください。意外と根は深く、土の中にしっかり張っていますが、表面は柔軟で、風に吹かれると逆らわず横に倒れ、通り過ぎるとシャキッと立つ本質です。

陽占から見た性格は、小さい時にはとても可愛がられ、養子や養女の話もあったかもしれません。とても質素で倹約家の一面があり、主婦としては家庭的で、料理や飲み食いすることが好きです。体質的に太る一面があります。

中年の運気は、波の運が入り、大運の三十歳から三十九歳までの十年間は、天剋地冲の大運で、いろいろと生活や考え方の変化が出てきます。ケガに用心する必要があります。自分の本質に足りない水気が地支に廻り、生き生きと草木が繁茂する状態です。四十歳からの大運でも、天干支に水気の喜神が廻り、生き生きと頑張れる運気です。子供の運も二人出ています。

五十歳からの十年の大運でも、喜神が廻り、よいことがあるでしょう。六十歳から大運天中殺に入り、二十年間廻ります。六十歳を過ぎてからの大運天中殺ですが、強いエネルギーに支配され、何か商売をするかもしれません。食品関係の商売だと、利益が上がり、体調もよく元気に働くことができるでしょう。晩年は、金運もよく、精神的にも落ち着き安泰でしょう。

本質的には、のんびりムードで用心深く、女性らしい質ですが、そんな中でも神経が過敏な一面もあります。

Gさん　昭和四十六年十二月十二日生まれ　男命

宿命　生年天中殺

陰占

時	日	月	年
丁	㊖辛	甲	辛
酉	未	子	亥
辛	丁	癸	甲
	乙		壬
	己		

戌亥

陽占

	貫索	天恍
車騎	鳳閣	司禄
天堂	石門	天貴

大運年表

1歳	癸亥	初旬天中殺
11歳	壬戌	
21歳	辛酉	
31歳	庚申	
41歳	己未	
51歳	戊午	
61歳	丁巳	
71歳	丙辰	
81歳	乙卯	
91歳	甲寅	

この方の生まれた情景は、真冬の寒い季節の中、大地は凍り冷たい北風が吹く水の中に冷たく転がる宝石の原石です。陰占の宿命の中に五行の火気がなく、後天運で巡り来る大運では四十一歳からの大運でようやく地支に火気が巡ってきます。

この方の核は辛金で、宝石、プライドなどの意味があり、内面的には強い自尊心があっても冷静でのんびりムードに見える人です。優しい一面のある一方、冷たい一面もあり、なかなかおしゃれなムードのある方です。

宿命の中では、生年天中殺といって、生まれた年が中殺され、後天運で巡ってくる初旬の大運から天中殺に入り、これを初旬天中殺といいます。子供の頃は親に育てられているので、天中殺現象は出ません。

この方が生まれた時から、お父様との運のシーソーゲームが始まります。生年天中殺を持つ人は、本来は両親の力を借りることができない孤独なエネルギーの持ち主なのです。特色としては、若年において両親または片親の生・死別がありますが、これに当てはまらなければ、両親、特に男は父親、女は母親の運気が下がり、伸び悩みます。また、親の職業を継ぐことはできません。本来、学校を卒業したらさっさと親元を離れて苦しくとも自立の道を選んで苦労をすれば、この初旬天中殺が成人の二十歳以上の三旬、四旬と繰り上がり、伸びてゆくのです。

四十一歳から運気は盛り上がり、中年以降は吉神に見守られ、安泰な人生が送れます。この方は、一生涯お金に困ることはありません。

親はいらないよ、として生まれていますので、父親との縁が薄く、仲がよくありません。飲食、遊びは好きなほうです。兄弟の星は宿命に出ていますが、助けになりません。妻（異性）運は、相性の良い人との巡り合いが難しいでしょう。本人がのんびりムードの人なので、配偶者の場所には行動的でテキパキ仕事のできる人を好みます。
平成十六年・十七年は、結婚してみようかなと思う時です。相性が良ければ結婚するとよいでしょう。

Hさん　昭和三十六年十二月十四日生まれ　男命

陰占

日	月	年
(辛)	庚	辛
巳	子	丑
庚	癸	癸
丙		辛
戊		己

二歳　申酉

陽占

	貫索	天印
石門	鳳閣	鳳閣
天極	石門	天貴

大運年表

2歳	己亥	
12歳	戊戌	
22歳	丁酉	大運天中殺
32歳	丙申	大運天中殺
42歳	乙未	
52歳	甲午	
62歳	癸巳	
72歳	壬辰	
82歳	辛卯	

この方もやはり十二月生まれですので、生まれ出た風景を表わすと、冷たく凍る子月(十二月)の真冬、土は凍り雪は降り、そんな風景の中で、核は宝石の原石です。日干

の辛金の地支に巳の火性があり、少しは宝石の原石があぶられ、形が変えられるのですが、金多く水濁ると言いましょうか、平衡を保つには、木性も必要なのです。

性格は、核が辛金、すなわち宝石、プライドの意味があり、穏やかな冷静な性情を示しのんびりムードの反面、辛金を通した伝達の星が示すとおり、情報伝達などに優れ、飲み食いも好きです。

小さな時には養子などの話が出る星があり、結構可愛がられて育ち、また体面を重んじる人です。

後天運の大運を見ると、二歳から十一歳までの大運は、生活の状態の変化や、身体のケガや痛めつけが出やすい十年間です。生活の状態の変化が出ています。

十二歳から二十一歳までの大運は土が多くてまだまだ自分が出せません。

二十二歳から三十一歳、三十二歳から四十一歳の二十年間は、大運天中殺に入り、天干に火性が入って守護神が入り、仕事が変わるかもしれません。

四十二歳から五十一歳、五十二歳から六十一歳の二十年間では、宿命に足りない木性と土性、火性が入り、仕事の変化、家系の変化あるかもしれません。

宿命の中年運は、運気もおしゃれセンスのある穏やかな星が入り、後天運の守護のもと、順調な生活が示されています。

宿命には、妻の星も子供の星もあり、家庭生活は円満にいくでしょう。この方も一生涯お金に困ることはなく順調な人です。

Iさん　昭和二十九年二月十五日生まれ　女命

陰占

日	月	年
㊢	丙	甲
寅	寅	午
丙	丙	己
甲	甲	丁
戊	戊	

四歳　辰巳

陽占

	鳳閣	天報
禄存	禄存	牽牛
天胡	禄存	天胡

大運年表

4歳	乙丑
14歳	甲子
24歳	癸亥
34歳	壬戌
44歳	辛酉
54歳	庚申
64歳	己未
74歳	戊午
84歳	丁巳

この方の生まれた情景を見てみましょう。立春二月の地上には、寒暖の差が激しく冷気（寒気）もあり、冷たい風が吹いたりします。そんな中に春の陽光を感じ梅の花が咲き、地中の芽が地上の様子を感じながら芽吹いてくる頃です。

そんな風景の中に生まれた自分自身（壬水）は、雪解けの水を集めて大河になる、激しい水なのです。嵐の後の水のように、茶色く水を濁らせ、石ころも大木も抱え込んで流れるのです。

人に当てはめると、頭を押さえられたり命令されることを嫌う人で、プライドと引力の思いが強く、隠れた欲（これは愛情欲、物欲、すべて入ります）があり、誰からも認められたい思いが強いのですが、他人から見ると穏やかな人に見えます。

歌が好きな一面もあり、カラオケなども好きだと思います。

陰占の宿命では、土気がありませんが、自分の激しく動いてやまない大水を止めるのは土なのです。土が守護神となり、喜神となります。小さい時の初年運では、波乱の星が入り、宿命の中には母方の星が弱いので、ご両親との縁が弱いかもしれません。夫との相性も見なければ確かなことは言えませんが、ご自分の宿命の中でも二度縁であったり、それがなければ二つの生活をするかもしれません。

子供運は三人の縁があり、三人とも優しいよいお子さんです。中年から晩年にかけて神経過敏になりやすく、直感力が鋭く時にはさほど気にしなくてもよい事柄にくよくよといつまでも思い悩む質です。

五十四歳から六十三歳までの十年間の大運では、仕事をしているならば仕事が変わったり、生活の状況の変化が出てくるでしょう。家族との別れや変化があり、六十四歳からの大運では、守護神が廻り名誉なことがありそうです。

短文を書くことや詩や短歌など、短い文章の中に上手に情景を表現することができる人です。音感などもとても良い人です。

あとがき

先日、初不動の日に成田山新勝寺に参拝したとき、お坊さんの説教があって、良いことを話されていました。

仏教の世界の教えの中には「『無』になれ」とある。しかし、この世を生き抜くためには、完全に無になってしまっては生きていけない。ほどほどの衣食住に対する欲がなければならず、欲をなくしては力が出ない、ということでした。

私もその通りと思います。人間がこの肉体を維持するには、身を包むもの（衣）、身を生かすもの（食）、身の安全（住）が必要です。これらは確かに「力＝欲」なのですが、いわゆる我欲や強欲のことではなく、生きる証の欲ですから、ほどほどに持っていなければなりません。そしてその中で素直な気を持つことが大切なのです。

今は、情報社会の悪い面が出てきていて、我慢をしたり時を待つことができない社会となり、ともすれば小さな子供達や若者達に、肉体を労することの喜びや生きる力の沸くことが伝達されないため、理屈ばかりの頭デッカチな人間ばかりが育ってしまうのでしょう。

本文中でも触れましたが、人を指導させていただくためには、頭の理論だけでは足りません。経験がなければ指導することはおろか、生を実感することすらできないのに残念なことです……。

本書をお読みいただいた皆さんが、より一層ご自分の魂を磨かれ、素直さを元によく学びよく語り、人生がすべて経験から成り立つことを実感されることをお祈り申し上げます。

合掌

［運命館ピムカ］のご案内

運命館ピムカでは、本書でご紹介した算命学のほか、次のような方法を用いて運勢を鑑定しております。

易占・気学・数理運命学・家相・方位・人相
姓名判断・宿曜・占星術・神占（御祓・祈祷）等

また、開運指導、その他のご相談も承りますので、お気軽にお問い合わせください。

〒285-0837　千葉県佐倉市王子台１－１３－９
TEL・FAX：０４３－４６１－８１９５（予約制）

【ご案内図】

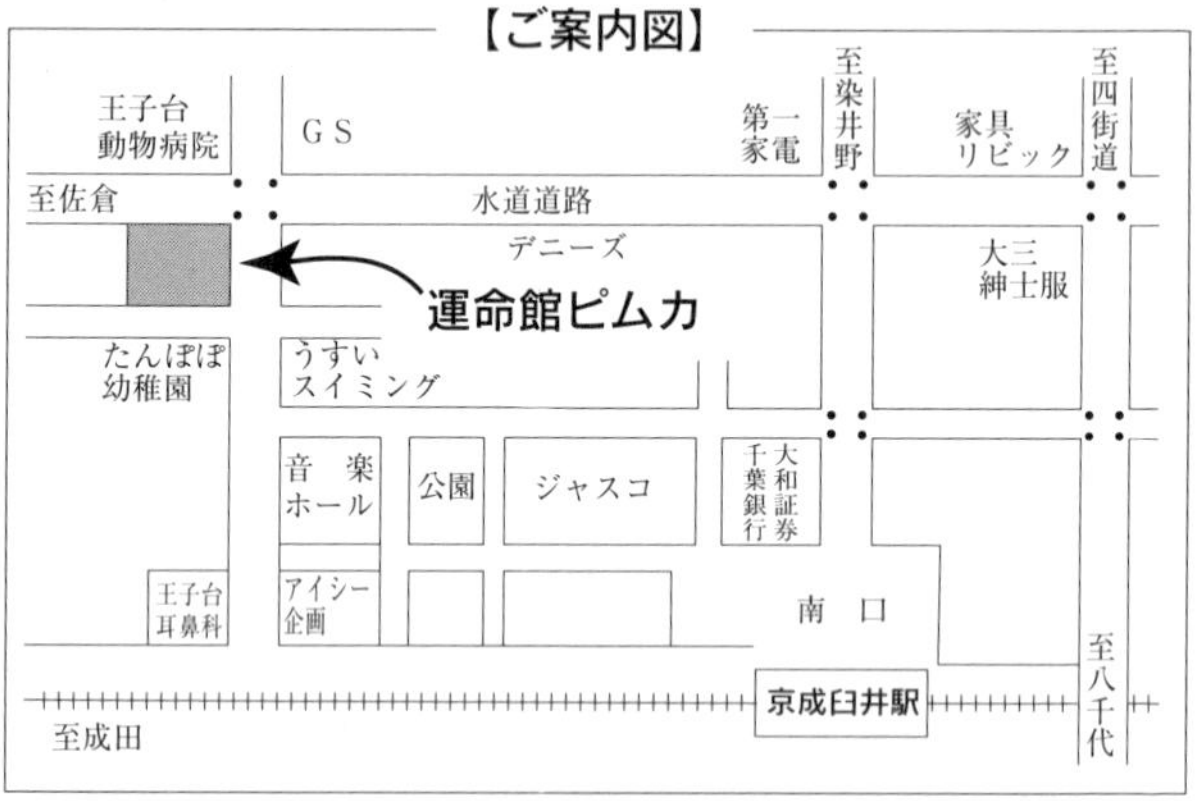

京成線・京成臼井駅より徒歩５分

[著者紹介]

今宮由晞（いまみや・ゆき）

千葉県在住。渋谷と池袋のパルコ内にて、20年間鑑定を行う。その明瞭なアドバイスで若者に人気を博す。

平成7年より、運命館ピムカを開設し、精力的に活動している。

扱う占術の分野は幅広く、本書で主に取り上げている算命学のほか、周易、断易、気学、手相、家相、姓名学、四柱推命、方鑑、宿曜占星術など。

日本占術協会認定占術士・常任理事・行事副委員長。

日本作家クラブ会員。

神仙《しんせん》と相交《あいまみ》えて

2005年3月31日　初版発行

著　　者　　今宮　由晞
装　　幀　　谷元　将泰
発 行 者　　高橋　秀和
発 行 所　　今日《こんにち》の話題社《わだいしや》
　　　　　　東京都品川区上大崎2-13-35 ニューフジビル2F
　　　　　　TEL 03-3442-9205　FAX 03-3444-9439
印　　刷　　互恵印刷＋トミナガ
製　　本　　難波製本
用　　紙　　富士川洋紙店

ISBN4-87565-554-1 C0011